El Coaching.
Un mundo de posibilidades

Diseño de tapa:
ESTUDIO OLIVIERI

NORMA PEREL
CLAUDIA KLEIDERMACHER
NORA BIDERMAN
ESTEBAN NEGRONI
y colaboradores

El Coaching.
Un mundo de posibilidades

GRANICA

ARGENTINA - ESPAÑA - MÉXICO - CHILE - URUGUAY

© 2017 *by* Ediciones Granica S.A.

ARGENTINA
Ediciones Granica S.A.
Lavalle 1634 3º G / C1048AAN Buenos Aires, Argentina
Tel.: +54 (11) 4374-1456 - Fax: +54 (11) 4373-0669
granica.ar@granicaeditor.com
atencionaempresas@granicaeditor.com

MÉXICO
Ediciones Granica México S.A. de C.V.
Valle de Bravo N° 21 El Mirador Naucalpan Edo. de Méx.
53050 Estado de México - México
Tel.: +52 (55) 5360-1010 - Fax: +52 (55) 5360-1100
granica.mx@granicaeditor.com

URUGUAY
Tel: +59 (82) 712 4857 / +59 (82) 712 4858
granica.uy@granicaeditor.com

CHILE
Tel.: +56 2 8107455
granica.cl@granicaeditor.com

ESPAÑA
Tel.: +34 (93) 635 4120
granica.es@granicaeditor.com

www.granicaeditor.com

ISBN 978-950-641-922-6

Hecho el depósito que marca la ley 11.723

Impreso en Argentina. *Printed in Argentina*

El coaching : un mundo de posibilidades / Norma Perel de
Goldvarg ... [*et al*.]. - 1a ed . - Ciudad Autónoma de Buenos
Aires : Granica, 2017.
  224 p. ; 22 x 15 cm.

  ISBN 978-950-641-922-6

  1. Coaching. I. Perel de Goldvarg, Norma
  CDD 158.1

ÍNDICE

AGRADECIMIENTOS

En primer lugar les queremos agradecer a los profesionales coaches que aportaron sus experiencias, dándole valor a este libro, que apunta a mostrar el abanico de posibilidades que ofrece el Coaching hoy en día. Gracias, entonces, a Damián Goldvarg, Ariel Goldvarg, María Eugenia Ángel Torres, Claudia Castellanos, Sandra Gutterman, Teresa Sacco, Inés Ukavsky, Mariano Lescano, Delia Chudnovsky, Marisa Krawiecky y Claudio Margules.

También a nuestro querido editor, Pablo Puente, por su paciencia infinita y su calidad humana y profesional.

A la doctora Elena Espinal, por su generosidad al prologar nuestro libro y por ser fuente de inspiración constante.

A todos aquellos que no nombramos, pero que se hicieron presentes con sus críticas constructivas y miradas alternativas.

A todos los grandes maestros, de quienes tanto hemos aprendido, y a quienes nos hemos tomado la libertad de citar en los diferentes capítulos.

Finalmente, a Ediciones Granica, por confiar en nosotros y considerar que este libro abrirá caminos de acción, reflexión y debate en los lectores.

A todos: ¡MUCHAS GRACIAS!

Los autores

PRÓLOGO

Aún sorprendida por la lectura de este libro, me quedan muchas preguntas, tanto al mirar el camino recorrido por el Coaching como al intentar imaginar hacia dónde vamos.

Tengo la sensación, al reflexionar sobre el texto, de que la evolución de nuestra profesión es mucho más antigua que la que puede producirse en alrededor de tres décadas. La vida me ha dado la posibilidad de conocer a la mayoría de los autores que en su capítulo destaca Norma Perel, aquellos que trabajaron para sentar nuestras bases fundantes y produjeron un profundo cambio de interpretación que treinta años más tarde nos permitió llegar a donde hoy nos encontramos.

Maravilla pensar que el gran aporte del Coaching es haberle devuelto al ser humano la capacidad de evolucionar de acuerdo con sus sueños, a lo que busca, a sus preocupaciones o a sus compromisos. Maravilla, también, pensar que los que ejercemos esta noble profesión peleamos, día tras día, por ayudar a dejar de pensar que se *es* de una manera, y que esa mutación en el pensamiento permite crear nuevas posibilidades.

Junto con aquel cambio generado por los fundadores, llegó el reconocimiento del valor del lenguaje en el trabajo personal de hacernos humanos, la valoración del diálogo en esto de permitirnos diseñar mundos, de cancelar la pretensión de acceder a la *realidad* y poder discernir entre explicaciones y descripciones, admitiendo que cuando juzgamos, lo que hacemos es hablar de nuestra manera de mirar, y que a cada palabra cada uno de nosotros le da un significado semejante, pero seguramente desigual. Así, hemos quedado como sistemas cerrados, buscando la conexión con los otros.

Aquellos autores de nuestros orígenes buscaron expresar este nuevo modelo mirando desde el anterior, y describiendo al ser humano como cuerpo, emoción, lenguaje y espíritu. Hoy, evolución mediante, podemos darnos cuenta de que todo eso está y opera dentro del mismo cuerpo vivo, y que se trata de componentes inseparables. Sabemos, hoy, que ni siquiera las emociones pueden observarse de manera pura, sino que se combinan, y que es mucho más oportuno hablar de estados de ánimo (mucho más complejos), de su importancia en la relación con el futuro, y de cómo esta subjetividad afecta a la manera de observar y de tomar decisiones, por supuesto.

Me emociona también ver que hoy, los autores de este libro se preocupan y pueden marcar las diferencias entre el Coaching y la Psicología, el Counseling, la Mentoría, la Supervisión; así como también los puntos en común o lo que se ha tomado de estas interpretaciones diferentes para aplicar dentro del Coaching.

Es asombroso ver cómo el Coaching, en la actualidad, se ha extendido en su uso y no solo se centra en el ejecutivo, el de vida, el organizacional y el de equipos, sino que abarca al de salud, el nutricional y el deportivo, entre otros, a la vez que se relaciona con las neurociencias.

Me parece valioso que estos temas sean tocados por coaches que hablan desde la experiencia y no solo desde la teoría, aportando al lector su propio aprendizaje práctico, destacando aquello que les sirvió y publicando bibliografía para que el curioso pueda seguir estudiando y profundizando.

Norma Perel, Claudia Kleidermacher, Nora Biderman, Esteban Negroni, Damián y Ariel Goldvarg, Eugenia Ángel Torres, Claudia Castellanos, Sandra Gutterman, Teresa Sacco, Mariano Lescano, Delia Chudnovsky, Marisa Krawiecky y Claudio Margules comparten generosamente en este libro su proceso de aprendizaje y acercamiento a distintas ramas del Coaching, sus investigaciones y sus estudios, y todos y cada uno de los capítulos que componen la obra llevan a pensar que no falta mucho para que los coaches comencemos a elegir especialidades.

Creo, además, que los autores son un ejemplo de colaboración y de trabajo en equipo. No es fácil coordinar y escribir entre tantos, dar lugar a varios especialistas, reconocer la riqueza que da el *nosotros* y mostrarse desde un plano común, para que el lector se deleite y hasta elija su tema favorito.

Imagino que *El Coaching. Un mundo de posibilidades* se transformará en un libro de estudio fundamental para los que quieran ser coaches, así como en un muy buen texto de consulta para los que ya atesoran una experiencia.

Los dejo para seguir leyendo, para continuar emocionándome con algunas de las experiencias personales de los autores, y así imaginar un futuro promisorio para nuestra amada profesión.

Elena G. Espinal
Master certified coach (ICF)
Master coach y miembro honorario
de la Asociación Argentina de Profesionales del Coaching
Doctora en Odontología, master en Patología
y licenciada en Psicología
Dirige TeamPower

INTRODUCCIÓN

Queremos compartir con ustedes, queridos lectores, cómo surgió la idea primigenia que motivó finalmente la concreción de nuestro equipo, integrado por los cuatro coautores principales de este libro que hoy sale a la luz, para alegría de muchos; sobre todo, para la nuestra.

Transcurría el mes de diciembre de 2013. Por ese entonces, Norma Perel era mentor coach de un grupo de diez alumnos en la Escuela Argentina de PNL y Coaching, y Claudia Kleidermacher ocupaba el rol de co-mentora.

Después de un año intenso, y motivada por las constantes preguntas de los alumnos acerca de las diferencias entre Coaching y Psicoanálisis, Coaching y psicoterapias, posibles aplicaciones del Coaching, áreas de injerencia de un coach, qué puede y qué no puede trabajar el Coaching, entre muchas otras, Claudia le expresó a Norma su firme deseo de escribir junto a ella un texto que, de algún modo, abarcara todas estas cuestiones, que brindara respuestas a estos interrogantes. El "sí" rotundo de Norma no se hizo esperar, y así fue como empezamos a trabajar, a principios de 2014.

Casi al mismo tiempo, Norma convocó a Nora Biderman y sumó a Esteban Negroni, que se había contactado con ella para trasmitirle una inquietud similar. De este modo quedó conformado el equipo.

Tuvimos nuestra primera reunión (después vendrían cientos), en la casa de Norma. Allí nos contamos quiénes éramos, de dónde veníamos, cómo llegamos al Coaching y qué nos aportó esta disciplina a cada uno de nosotros.

Aquel encuentro inicial fue revelador de lo que después sería el contenido de esta obra, y durante su transcurso decidimos convocar a coaches calificados en distintas áreas y entregarles una grilla de preguntas especialmente diseñada, con el objetivo de que tuvieran la oportunidad de transmitir lo que saben acerca del Coaching aplicado al deporte, a la nutrición, a los equipos eficaces, a los ejecutivos *in-company*, a la ontocorporalidad, al voluntariado, a la mediación, a las neurociencias y a la salud. Todo ese conocimiento se convertiría después en gran parte de este trabajo, en forma de capítulos cuya construcción nosotros, como coautores principales, acompañamos brindando la colaboración requerida por nuestros invitados.

A medida que fuimos avanzando en la escritura, sentimos que íbamos dando respuestas vinculadas a las divergencias y convergencias con otras disciplinas y aportando mucho material acerca de todas las posibilidades que tiene hoy el Coaching en cuanto a su aplicación concreta en diferentes ámbitos.

A la hora de decidir cuál sería el título, coincidimos en que no podía ser otro que *El Coaching. Un mundo de posibilidades*.

Escribe Rafael Echeverría en *Por la senda del pensar ontológico*: "Uno de los rasgos de la propuesta ontológica es su vitalidad, su capacidad de transformación, su profunda mirada autocrítica, su afán de superación. No puede haber vitalidad en quien procura a toda costa preservar lo ya alcanzado... La vitalidad es siempre expresión de un compromiso con la superación, con el dejar atrás el presente.

La vitalidad es el ejercicio del devenir, del llegar a ser otro diferente".

Esta experiencia resultó por demás enriquecedora para nosotros, los cuatro autores principales. Conformamos un equipo que trabajó de manera colaborativa y cooperativa durante casi dos años, nos corregimos entre nosotros, cruzando textos, y a la vez sostuvimos conversaciones de Coaching que nos permitieron sortear los obstáculos propios y ajenos que se fueron presentando. Fuimos, todo ese tiempo, coaches y coachees unos de otros, dejando de lado edades y trayectorias; y reflexionamos acerca de lo que le iba sucediendo a cada uno en lo personal, y también sobre nuestras contradicciones, nuestros temores, nuestros acuerdos, y sobre las discrepancias que surgían a medida que escribíamos y reescribíamos.

Esta vivencia de intenso aprendizaje nos deja, como equipo, el sabor dulce de un trabajo que consideramos bien hecho; y la alegría de haber logrado funcionar de modo armónico y con entusiasmo.

Bienvenidos a este, nuestro mundo, queridos lectores. Ojalá que encuentren en las páginas que siguen posibilidades que les generen nuevas inquietudes, preguntas y horizontes de oportunidad.

Los autores

COACHING Y PSICOTERAPIAS
Historia, recorrido y escenario actual

NORMA PEREL

Raíces semántica y epistemológica

El término *coach* significa, en idioma español, "entrenador", y *coaching* puede traducirse como "entrenamiento", ya que procede del verbo inglés *to coach*, que significa "entrenar".

El origen de la palabra remite a un medio de transporte utilizado en los siglos XV y XVI, cuando en la ciudad húngara de Kocs (parada obligatoria para todos los viajeros que recorrían el trayecto entre Viena y Budapest) comenzó a utilizarse un carruaje con un sistema de suspensión que hacía mucho más cómodo el viaje. Así fue como empezó a popularizarse el "carruaje de Kocs", identificado como un símbolo de excelencia tanto por su confort como por la velocidad con que sus conductores, o "cocheros", podían llevar a destino a los pasajeros, facilitando el proceso de desplazamiento.

Este origen etimológico del término "coach" queda enlazado, de alguna manera, con lo que hoy sucede durante y después de una conversación de Coaching, que sirve para *transportar* a las personas desde el lugar donde se encuentran, al que llamamos "estado actual", hasta el lugar al que desean llegar, o "estado deseado"; algo similar a lo que sucedía en los polvorientos caminos de la antigua Europa, donde pasajero y cochero acordaban de antemano el destino a alcanzar, y a veces iban modificando el acuerdo sobre la marcha.

Los orígenes del Coaching profesional se remontan a la Grecia antigua, donde, a partir de la segunda mitad del siglo V antes de Cristo, comienza a implementarse un método creado por Sócrates, el *elenkhós* o refutación, que se vale de incomodar a los interlocutores tomando sus dichos con el objetivo de que entren en contradicción y repiensen lo que van decir. Por otra parte, los diálogos de Platón, también basados en una secuencia de preguntas y respuestas, utilizan la *mayéutica*, que consiste en un proceso inductivo mediante el cual, a través de preguntas reveladoras hechas a sus discípulos, el filósofo logra sacar a relucir cualidades y respuestas que los interrogados tienen en su interior. Ambos métodos emplean una estructura similar a la que en la actualidad ayuda a sostener la sesión de Coaching.

De acuerdo con documentos revisados, el término *coach* llegó a Inglaterra originariamente para nombrar un carruaje; pero a partir de mediados del siglo XX se lo utiliza también en las universidades para designar a la figura del entrenador académico y, más tarde, del deportivo. En 1960, el término y sus derivados comienzan a emplearse para aludir a programas educativos; y es recién en 1980 cuando empieza a hablarse del *coaching* como una profesión con formación y credenciales específicas. En ese momento surge el concepto de Coaching Ejecutivo, que designa una nueva y poderosa disciplina.

Corrientes principales del Coaching

El Coaching tiene numerosas fuentes, y a pesar de que varios autores se consideran "padres de la criatura", creo que no es posible identificar una única procedencia, y que más bien parece haber surgido de forma simultánea en diversos lugares para crear una nueva metodología de aprendizaje y desarrollo personal.

Actualmente coexisten varias escuelas de Coaching que parecen alimentarse mutuamente y que difieren más en la práctica que en los resultados buscados y la explicación teórica de sus fundamentos.

Los primeros antecedentes se remontan al Modelo de Transformación Humana, cuyo representante más saliente es Alexander Everett, creador del modelo "ser-hacer-tener" y fundador de la compañía Mind Dynamics en los Estados Unidos. Everett tiene como principales seguidores a Werner Erhard, fundador de Landmark, y John Hanley, cofundador de Lifespring. De estos grupos, cuyos entrenadores se expanden por todo el mundo, surgen diferentes tendencias, y es oportuno decir que algunas de ellas ofrecen como Coaching algo que no es tal y desvirtúan así a la profesión.

La Corriente Humanística, de origen europeo, tiene como principales exponentes a Timothy Gallwey y John Whitmore, cuya práctica está basada en la aplicación de herramientas de la Psicología Humanista, que pone énfasis en el potencial interior y en la capacidad de elección de una vida mejor.

Comienza a aplicarse a mediados de los años setenta, cuando Timothy Gallwey, profesor de Literatura y capitán del equipo de tenis de la Universidad de Harvard, llega a la conclusión de que el principal freno de un deportista no está en su cuerpo, sino en su mente, a raíz de lo cual crea un método y escribe el libro titulado *El juego interior*, donde explica que los obstáculos principales residen en el miedo y la desconfianza en uno mismo.

Posteriormente, John Whitmore, piloto, hombre de negocios y coach, lleva el método de Gallwey al medio empresarial inglés, convirtiéndose así en el precursor del Coaching de Negocios, el Coaching Ejecutivo y el Coaching Personal.

Otra corriente reconocida es la del Coaching Práctico, que nace también en los Estados Unidos y tiene como máximo exponente a Thomas Leonard. Considerado el padre del Coaching profesional, Leonard definió quince competencias que sirviesen de base para su método, fundó una de las asociaciones más importantes del mundo en la materia, la International Coach Federation (ICF), y creó la Graduate School of Coaching y la University of Coaching. La metodología utilizada por esta escuela incentiva la autoestima, motiva a la acción y pone a prueba al cliente a través de nuevos desafíos.

La corriente del Coaching Ontológico tiene su origen en Sudamérica y sus principales exponentes son los chilenos Fernando Flores, Rafael Echeverría y Julio Olalla. Fernando Flores trabajó aplicando sus principios al liderazgo empresarial. Se basó en la filosofía de Nietzsche, Heidegger, Searle, Austin y Wittgenstein, y en las investigaciones del biólogo Humberto Maturana y de Francisco Varela. Se basa en el "entrenamiento del ser", explica al ser humano como intrínsecamente lingüístico y sostiene que las conversaciones son la clave para entender cómo somos y cómo, a partir de conocernos a nosotros mismos, podemos cambiar nuestras vidas.

También cabe mencionar en esta apretada síntesis al Coaching Sistémico, modalidad que se enfoca en los procesos, prefiere trabajar sobre totalidades e interrelaciones y promueve el desarrollo del talento individual del cliente y de sus competencias organizacionales, a la vez que busca generar ambientes de alto desempeño. Cabe aclarar que los postulados de este tipo de Coaching son aceptados y empleados por las otras corrientes.

Aplicaciones del Coaching

En estos momentos, el empleo del Coaching está diversificado y hay diferentes especialidades. Entre ellas se encuentran el "Life Coaching", el Coaching Ejecutivo, el Organizacional, el dirigido a la Salud, el Deportivo, el enfocado en la Política, el que se encarga de la Nutrición, el de Equipos, el Educacional, el Artístico, el que asiste a los padres y el que lo hace con las parejas. Varias de estas modalidades son desarrolladas en el presente libro.

El Coaching recibió, a lo largo de su desarrollo, aportes de diferentes disciplinas. Principalmente de la Psicología Sistémica, la Gestáltica, la Positiva y la Centrada en el cliente.

De manera particular, el Coaching Ontológico recibe aportes de la Filosofía del Lenguaje, la Lingüística, la Teoría de la Comunicación, la Programación Neurolingüística (PNL) y las neurociencias.

Contexto de desarrollo: paradigmas históricos y actuales

Cada época, con sus descubrimientos científicos, produce nuevos paradigmas con valor de "verdad" que se prolongan a lo largo de los siglos y determinan la forma en que comprendemos la realidad. Estos arquetipos crean, a su vez, supuestos básicos fundamentales de los que la mayoría de las veces no somos conscientes, y por otro lado producen recortes y se focalizan en determinados aspectos de la realidad, dejando otros fuera de su campo de interés.

En *La estructura de las revoluciones científicas*, el filósofo y científico Thomas Kuhn considera los paradigmas como "…realizaciones científicas universalmente reconocidas que, durante cierto tiempo, proporcionan modelos de problemas y soluciones a una comunidad científica".

Kuhn advierte, además, que "las sucesivas transiciones de un paradigma a otro" constituyen "el patrón de desarrollo usual de la ciencia madura".

Por ejemplo, los paradigmas científicos de la Modernidad, que nos atravesaron hasta mediados del siglo XX, fueron el mecanicista, el determinista, el causalista y el del dualismo racionalista. Prevaleció en todos ellos el concepto de objetividad, y esto hizo que se tomara a la verdad como un valor absoluto. Utilizando la óptica proporcionada por estos paradigmas, se ve el mundo a través de categorías universales y se supone que el observador está fuera del campo observado. Además, no se tienen en cuenta los sentimientos, la imaginación, el tiempo y la vida; la *razón* es la única guía para llegar a la sabiduría; y el universo es una máquina regida por leyes de causalidad absoluta. A partir de ciertas condiciones, la voz imperante en el paradigma afirma que se pueden prever determinados efectos, lo que equivale a decir que la causa y el efecto tienen un nexo necesario. La causalidad es considerada unilineal (causa-efecto), los acontecimientos pueden ser predichos, no hay lugar para la libertad, y es permanente la búsqueda de "certezas". Surge así el Determinismo, concepción que excluye el tiempo como devenir, y se apoya en ideas basadas en conceptos como "saber", "potencia", "poder" y "verdad absoluta".

Sus mayores exponentes son Descartes y Newton, que ocupan el centro del mundo de las ideas durante el siglo XVII y principios del XVIII, período histórico que se conoce como Siglo de las Luces o la era del Iluminismo y la Ilustración. En el mismo momento se destaca la tecnología impulsada por la Revolución Industrial, que sustenta ideales de "evolución" y "progreso".

 Descartes desde la Filosofía y Newton desde la Física afirman que la materia constituye la base de toda la existencia del universo, que se considera como un gran número de objetos ensamblados a la manera de una gran máquina. De ahí proviene el término "Mecanicismo". Los pensadores de esta escuela buscan ordenar el mundo matematizándolo.

Descartes busca establecer certezas absolutas en el campo de las ciencias, y en especial de la Matemática. En ese momento de la historia del pensamiento, "lo que no es cuantificable quedaba fuera de la ciencia; por ejemplo, todo lo que tiene que ver con la vida", escribió el físico austríaco Fritjof Capra en 1982.

La frase más famosa de Descartes es: "Pienso, luego existo". Esto sintetiza su marco teórico, dentro del cual puede dudarse de todo menos de que se está dudando y de que el pensamiento es lo que permite dudar, y por lo tanto, existir. Posteriormente, el Racionalismo afirma la existencia de una realidad conocible en forma objetiva, y le da así preeminencia a la "objetividad", en desmedro de la "subjetividad". Para esta escuela, el objeto determina la percepción y las cosas son realmente lo que aparentan ser.

A principios del siglo XX, los planteos termodinámicos, la Teoría de la Relatividad y la Física Cuántica rompen el esquema planteado por la física clásica y van definiendo los límites de la Modernidad.

Heinz von Foerster, científico especialista en Cibernética, afirma que "toda descripción del mundo presupone a alguien que lo describa. Lo que necesitamos es, pues, una descripción del 'descriptor'; o en otras palabras, necesitamos una teoría del observador". Este autor se relacionó con los principales protagonistas del pensamiento multidisciplinar del siglo XX. En 1958 revisa los planteamientos de Wiener acerca de la Cibernética y propone un nuevo enfoque, propio de los sistemas complejos, que define como la "Cibernética de segundo orden", propone el estudio del *cibernetista* dentro de la Cibernética y constituye así la base teórica del Constructivismo Radical, que afirma que nada se descubre en el mundo sino que se "inventa". Se puede considerar a Von Foerster como el precursor de la teoría del observador.

Sobre el final de la Segunda Guerra Mundial, la explosión de la bomba atómica que arrasa Hiroshima pone sobre la mesa de discusión la capacidad de producir tanta destrucción, tantas muertes y tantos efectos nocivos en los sobrevivientes a lo largo del tiempo, y marca un punto de inflexión, a partir del cual se plantean duras críticas a la concepción racionalista, con su fe en el progreso y en las certezas absolutas. De esta manera, se cuestiona la razón infalible, universal, y se reivindica al ser vivo. Es un momento de escepticismo frente a los valores proclamados y las consecuencias de las acciones realizadas. El Holocausto judío, así como otros genocidios, forman parte del motivo de este desencanto. Entra en crisis el paradigma de la razón y de la concepción del mundo, y por lo tanto se produce un cambio en la mentalidad, una variación severa en la forma de mirar la realidad. Al mismo tiempo, se desarrollan los medios de comunicación de masas, en los que se privilegia la subjetividad, y la imagen ocupa el lugar que antes ostentaba la razón.

Se produce, además, un giro lingüístico. El lenguaje destrona a la razón. "Somos seres racionales porque somos seres lingüísticos", declaran los protagonistas del nuevo momento. "Hablo, luego existo." La recursividad del lenguaje es la que da la posibilidad de volver para atrás y pensar lo que se dice, y la que permite observarse a uno mismo y dar así origen a la razón.

La postura del devenir, enunciada por Heráclito, tiene una relación más afín a los postulados contemporáneos. Este pensador destacaba, hace decenas de siglos, la importancia del devenir y del cambio permanente. Así, el foco dejaba de estar puesto en el "ser" para centrarse en el "estar siendo". Esta postura filosófica da sustento al Coaching Ontológico.

Los máximos representantes de la crítica a los paradigmas de la Modernidad son Friedrich Nietzsche, Martín Heidegger y Ludwig Wittgenstein.

Nietzsche le otorga a las emociones un papel fundamental, focalizándose en el miedo a la experiencia de la nada, o nihilismo, y en el papel del resentimiento en nuestras interpretaciones de la realidad.

Heidegger, en su *Carta sobre el Humanismo,* dice que "el lenguaje es la casa del ser y en su morada habita el hombre".

Plantea que la condición primaria y básica del ser humano es la actividad no reflexiva, no pensante, no deliberativa, con un umbral mínimo de conciencia. Actualmente, Echeverría llama a esto "transparencia", y pone como ejemplos de esta condición actividades como caminar o manejar un automóvil, durante las cuales no estamos pensando en lo que hacemos sino que fluimos con la vida. La acción racional aparece cuando se produce un quiebre de esa *transparencia*. Otro aporte muy importante de Heidegger es el de la ausencia de "certezas". Afirma este filósofo que la única certeza que tenemos es la de que en algún momento vamos a morir, y que "cuando nacemos ya somos lo suficientemente viejos como para morir".

Según el filósofo y coach Diego Lo Destro, Ludwig Witggenstein, desde la Filosofía del Lenguaje, postula que el ser humano no puede escapar del lenguaje y debe someterse a sus reglas, coincidiendo con Heidegger, quien dice que somos *huéspedes del lenguaje,* y que un huésped obedece las reglas del dueño de casa. A su vez, John Searle escribe *Actos de habla,* donde plantea al lenguaje como acción; y sir Austin da una serie de conferencias sobre "Cómo hacer cosas con palabras". Ambos hacen hincapié en el uso generativo del lenguaje.

Estos pensadores afirman que el lenguaje es acción, porque cuando hablamos no solo describimos una realidad, sino que también la modificamos; y sus dichos constituyen un replanteo sobre el tema de la objetividad, ya que en este esquema de pensamiento el observador influye sobre las partículas observadas. Así, quienes adscriben a esta teoría sostienen que no hay experiencia objetiva, y que vivimos inmersos en un mundo de creencias. El problema se suscita cuando no dudamos de esas creencias, y en cambio las tomamos como verdades absolutas.

Estos son los aportes más importantes que abastecen directamente al marco referencial del Coaching, ya que constituyen su basamento epistemológico.

Existen, además, contribuciones más cercanas en el tiempo. Entre ellas están las realizadas por las Neurociencias, que sostienen que el cerebro fabrica las imágenes de lo que percibimos; y las de la Física Cuántica, en cuyo ámbito se afirma que el observador no solo es necesario para identificar las propiedades de los fenómenos atómicos, sino también para provocar la aparición de esos fenómenos.

Ilya Prigogine, Premio Nobel de Química en 1977, critica la física de Newton e intenta articular la ciencia y la filosofía. Este integrante de la Escuela de Bruselas considera que el universo no es mecánico, sino termodinámico, y lo entiende como una red de relaciones. A la vez, sostiene que los planteos científicos responden a circunstancias históricas, y que la "verdad" es hija del tiempo como devenir. Es este el momento en el que aparece la importancia del azar y la incertidumbre, y con ellas, la de la "probabilidad". El cambio, asociado a la idea del azar, se coloca en el centro del nuevo pensamiento imperante, que sostiene que hay orden en el desorden, y viceversa.

Desaparece así el valor de las verdades absolutas y de las normas eternas. La percepción de los sentidos pasa a ser la fuente exclusiva del conocimiento y solo puede haber verdades particulares, válidas para un tiempo y para un lugar determinados.

Gilles Lipovetsky, en su obra *La era del vacío*, denomina "sociedad posmoderna" a la occidental, desencantada del Modernismo. Este pensador marca el predominio de lo individual sobre lo universal, de la diversidad sobre la homogeneidad, de lo permisivo sobre lo coercitivo, y reivindica la libertad individual.

A los años sesenta, caracterizados por el hedonismo y la psicodelia, les sigue la década del setenta, en la que hay una tendencia a afirmar el equilibrio y se produce el retorno a *uno mismo*. Concluida la era hedonista, prevalece el desarrollo espiritual, psi y deportivo, la convivencia y la ecología. La medicina alternativa, la meditación, las hierbas, el cuidado del cuerpo, el estudio del Talmud y de la Torah y el éxito de las religiones orientales, entre ellas, el Zen, el Taoísmo y el Budismo, implican la ruptura con "la razón y el progreso".

Desaparecen grandes dicotomías, como la del cuerpo y el espíritu, porque lo físico del ser humano ya no es relegado a un estatuto de materialidad opuesto a la conciencia cósmica. La danza moderna, la expresión corporal, la bioenergética, la eutonía y el yoga difuminan fronteras y se plantea la interdependencia de cuerpo, emoción y lenguaje.

Prevalecen el respeto por las diferencias, el culto a la liberación personal, la libre expresión, el respeto a la singularidad subjetiva, la liberación de costumbres y sexualidades y la reivindicación de las minorías regionales. Aparece con fuerza la búsqueda de la propia identidad.

Con el avance de la tecnología electrónica se produce la descentralización de las empresas y una expansión del "trabajo en casa". Cobra importancia la flexibilidad del tiempo laboral y aparecen los horarios móviles y los trabajos intermitentes. El objetivo perseguido en el marco del nuevo paradigma es la reducción de la rigidez de las organizaciones, el cambio de los modelos uniformes y autoritarios por otros más flexibles, y el privilegio de la comunicación sobre la coerción. En la enseñanza, prevalece el aprendizaje acompañado por las computadoras y la manipulación personal de la información. Todos estos cambios conviven con movimientos duros y extremistas, vinculados al narcotráfico, el terrorismo y otras formas de violencia. Simultáneamente, los videojuegos se ofrecen de miles de formas, crean adicciones en niños y adolescentes y también en muchos adultos, porque proporcionan una manera nueva de pasatiempo, arraigada en el deseo de autonomía absoluta que deriva en individualismo, a la vez que crean la ilusión de poder tener un control total sobre lo que sucede, a diferencia de lo que acontece en la realidad.

En ese contexto de desencanto en el que se disuelven la fe y la confianza en el futuro, cuando ya nadie cree en el porvenir de la revolución ni en el progreso, surge nuestra profesión: el Coaching.

Decae el nivel de optimismo puesto en la ciencia y la tecnología, porque sus avances van acompañados por el del armamento atómico, la degradación del medio ambiente y el abandono de los individuos, y esto trae como consecuencia que la gente quiera vivir rápidamente, aquí y ahora.

Surgen cambios relacionados con los valores materiales, tanto en las empresas como a nivel personal, acompañados del aumento de la depresión, las adicciones y los ataques de pánico. También cobra gran importancia la "urgencia", hija no deseada de la aceleración de los tiempos, que necesita resultados positivos obtenidos de manera rápida y eficiente.

El Coaching, como disciplina joven que es producto del aporte de diferentes fuentes científicas, logra satisfacer esta necesidad de resultados efectivos obtenidos a alta velocidad, tanto a nivel empresarial como a nivel deportivo y personal.

La prevalencia del "otro" y su legitimidad, el respeto, el apoyo, el tratamiento igualitario, la confianza en las potencialidades del cliente, que es quien realmente "sabe" sobre sí mismo, hacen del Coaching una disciplina coherente con la aplicación de los valores positivos imperantes.

La Federación Internacional de Coaching (ICF) define la actividad como "un trabajo junto al cliente en el marco de un proceso creativo y estimulante que le sirva para maximizar su potencial personal y profesional". Esta institución, que surgió hace ya veinte años y hace las veces de una madre que resguarda la ética y la profesionalización, se constituye en un grupo de pertenencia con una clara sistematización de la práctica, estandarizándola a través de once competencias que el coach debe aplicar para lograr su acreditación, y que tienen el mismo nivel de validez y aplicabilidad en cualquier parte del mundo. La primera de las competencias se refiere específicamente a la *ética profesional* del coach, y es la piedra basal sobre la que se apoyan las restantes, ya que si no se cumple, produce un efecto dominó que desmorona el andamiaje completo del Coaching.

Mi historia y mi encuentro con el Coaching

Llegué a la actividad gracias a la influencia de mis dos hijos mayores, que son coaches con los que comparto actualmente trabajos. Tiempo después mi marido –que es, como yo, psicólogo– y mi hijo menor también se certificaron. Así fue como nos convertimos en una familia de coaches.

Me volqué al Coaching cuando, después de trabajar como psicoterapeuta, y de estudiar Filosofía durante cuatro años, empecé a cuestionar los basamentos epistemológicos de mi disciplina. Además, me había cansado de trabajar con la patología y quise empezar a trabajar con la salud, con los proyectos de las personas y de las organizaciones, con sus potencialidades y las posibilidades de alcanzar un bienestar mayor a corto plazo.

Ya encarando mi nuevo camino, aprendí distinciones nuevas (pedidos y ofertas, víctima y proactividad, presencia en el *aquí* y el *ahora*, el "no" como protector de la integridad, la confianza en sí mismo, en el otro y en el proceso de Coaching, el diseño de acciones, y muchas otras), que me llevaron a un cambio en mi visión sobre la vida y sobre mis semejantes, mi familia, mis amigos, mis colegas. Los nuevos aprendizajes me beneficiaron también con una transformación personal que no había logrado tras muchos años de psicoanálisis individual, grupal, de pareja y familiar.

Psicoterapia y Coaching

La Psicología es una disciplina cuyos orígenes se remontan a la Grecia antigua, y que llega a su apogeo en el siglo XIX, con el Psicoanálisis.

El Coaching, en cambio, es una disciplina muy joven y con mucho camino por recorrer.

Etimológicamente, el término "psicología" deriva de dos voces griegas: *psiqué*, que quiere decir alma, y *logos*, que significa tratado, argumentación o discurso. De esto podemos deducir que quienes acuñaron la palabra "psicología" estaban pensando en designar así al tratado o estudio del alma.

Actualmente, la Psicología es considerada la ciencia que estudia los procesos psíquicos de la personalidad, a partir de su manifestación externa; es decir, de la conducta. Vemos, entonces, que el análisis de la conducta es el punto de partida para el estudio de fenómenos y procesos de naturaleza subjetiva propios de la actividad psíquica. Así como hay diferentes tipos de Coaching, también hay una diversificación de la Psicología: Estructuralista, Organicista, Psicoanalítica, Cognitivista, Gestáltica y Sistémica, entre otras variantes.

Escenario actual. Psicoterapias posmodernas

Hay un grupo de psicoterapias posmodernas, cuyas bases epistemológicas no se diferencian del Coaching, y esto hace que resulte difícil determinar cuál aportó a cuál, ya que se trata de técnicas coetáneas, desarrolladas durante el último cuarto del siglo XX.

Margarita Tarragona Sáez, en su obra llamada *Psicología conductual*, escribe un artículo sobre tres tipos de terapias posmodernas: la colaborativa, la narrativa y la centrada en soluciones. La autora aclara que las terapias posmodernas también son denominadas post-estructuralistas, colaborativas, discursivas y socio-constructivistas.

Las terapias posmodernas se apoyan sobre premisas filosóficas comunes, que están vinculadas a:

1) La naturaleza generadora del lenguaje, que no solo describe la realidad, sino que también la construye.
2) El conocimiento como construcción social realizada a través del lenguaje, lo que lleva a pensar que no se puede obtener una representación directa del mundo, sino que solo se lo puede conocer a través de la propia experiencia.
3) La identidad como algo que no es fijo e inamovible, sino que está en constante proceso de creación y revisión dentro de una red de conversaciones y relaciones con otros.

Estas premisas, que son compartidas por el Coaching Ontológico, son pilares de la teoría según la cual la terapia es un proceso conversacional, en el que clientes y terapeutas co-construyen nuevos significados, historias alternativas, posibilidades y soluciones.

John Friedman, en su texto *Una breve introducción a las terapias posmodernas*, publicado en 1996, describe a los *terapeutas constructivos* de la siguiente manera:

- Creen en una realidad construida socialmente.
- Enfatizan la naturaleza reflexiva de la relación terapéutica en la que el cliente y el terapeuta co-construyen significados mediante el diálogo o la conversación.
- Se mantienen empáticos y respetuosos ante el predicamento del cliente y creen en la capacidad de la conversación terapéutica para liberar aquellas voces e historias que han sido suprimidas, ignoradas o no tomadas en cuenta previamente.
- Se alejan de las distinciones jerárquicas hacia una oferta de ideas más igualitaria en la que se respetan las diferencias.
- Co-construyen los objetivos y negocian la dirección de la terapia, colocando al cliente en el "asiento del

conductor", como experto en sus propios predicamentos y dilemas.

- Buscan y amplifican las habilidades, fortalezas y recursos y evitan ser detectives de la patología o rectificar distinciones diagnósticas rígidas.
- Evitan utilizar un vocabulario de déficit y disfunción, reemplazando la jerga de la patología (y la distancia) por el lenguaje cotidiano.
- Están orientados hacia el futuro y son optimistas respecto al cambio.

Estas corrientes psicoterapéuticas posmodernas y el Coaching surgen como una alternativa al modelo determinista, reduccionista, tanto del Conductismo como del Psicoanálisis.

Su objetivo es el desarrollo de las potencialidades y la autorrealización del ser humano, y tienen como exponentes más representativos a la Terapia Gestáltica, de Fritz Perls, la Terapia Centrada en el Cliente, de Carl Rogers, y la Logoterapia, de Victor Frankl. Estas metodologías dan preeminencia a una visión integradora y holística del ser humano, y desarrollan temas vinculados a la responsabilidad, la libertad, la autenticidad, la autodeterminación, la dimensión espiritual y el sentido de la vida.

La Terapia Gestáltica pone fundamentalmente el énfasis en el presente, en el "aquí y ahora", buscando el "cómo" en lugar del "por qué"; en el "darse cuenta" y en la "toma de conciencia". También se centra en la "responsabilidad" y la importancia de la corporalidad. Se nutre del Existencialismo y de la Fenomenología, y también del Budismo Zen y del Taoísmo.

Carl Rogers, creador de la Terapia Centrada en el Cliente, deja de usar el término "paciente" y lo reemplaza por "cliente"; y considera que en todo ser humano existe una tendencia al desarrollo progresivo y a la superación constante.

La Logoterapia prioriza la dimensión espiritual del ser humano y el propósito de su vida en el mundo. Focaliza su atención en la "voluntad de sentido", que no puede ser derivada de otras necesidades. La noción de "responsabilidad" es nuclear en esta teoría.

¿En qué se diferencian la Psicoterapia y el Coaching?

El origen del término Psicoterapia, como su nombre lo indica –"tratamiento de la psiquis"–, está en la idea de "curar" la psiquis. Esto implica un sentido médico, vinculado con la enfermedad, con los síntomas y los signos. Por eso, en Psicoterapia se dice que se atiende a "pacientes", o sea, a los que padecen.

Las psicoterapias de origen positivista, o de base psicoanalítica, generalmente parten de un diagnóstico que determina el tratamiento a seguir y sus objetivos. El terapeuta determina qué pasos o etapas se darán en la terapia, y diseña las intervenciones o estrategias para lograr las metas del tratamiento. Con frecuencia, es el terapeuta quien da de alta al paciente o decide cuándo debe terminar la terapia. Autores como Peterson y Seligman, creadores de la Psicología Positiva, critican esta postura y subrayan que "históricamente, el lenguaje de la Psicoterapia ha sido un lenguaje de déficit y de patología, y la terapia frecuentemente es vista como una tecnología para 'componer' personas defectuosas", y también expresan su preocupación "por los efectos negativos que los diagnósticos psicopatológicos pueden tener sobre las personas". El Coaching adhiere a esta preocupación por la atención excesiva sobre el déficit y la patología, diferenciándose de este modo de las psicoterapias modernas. La postura del Coaching con respecto a este tema será desarrollada más ampliamente en el siguiente capítulo.

Momento actual del Coaching Ontológico: importancia del mentoring y de la supervisión

Los últimos avances en el campo del Coaching Ontológico están relacionados con los procesos de certificación para mentor coaches y con la supervisión de coaches.

En estos momentos se revisa, en el ámbito de la profesión, la incorporación de ciertas distinciones psicoanalíticas que pueden resultar muy productivas para lograr cambios deseados. Son las de *transferencia* y *contratransferencia*, que están siendo usadas en la supervisión de prácticas de coaching.

Durante la sesión, el cliente puede "transferir", o sea, proyectar en la figura del coach, alguna figura significativa de su historia, sin que se percate de esta situación. También el coach puede "transferir" en el supervisor aspectos o emociones vinculados a su sesión de Coaching, repitiendo frente al supervisor algo similar a lo que le dijo el cliente a él. Se denomina a esta situación "procesos paralelos".

Además, la "contratransferencia" está vinculada a algo que le sucede al coach y puede llegar a transferir a su cliente, o a algo que le pasa al supervisor y transfiere al coach. Este fenómeno muchas veces está relacionado con emociones o vivencias personales que se pueden ver movilizadas tanto en el coach como en el supervisor por la transferencia.

Es de fundamental importancia trabajar sobre estas manifestaciones emocionales, ya que pueden perturbar el desarrollo del Coaching.

El supervisor tiene que estar entrenado para detectar y analizar estas situaciones y lograr que se resuelvan de la mejor manera posible, porque ese "darse cuenta" de lo que había permanecido oculto le permite al coach realizar un mejor trabajo.

A partir de la supervisión, paulatinamente, el coach puede ir registrando con mayor frecuencia cuáles son sus aspectos más vulnerables, y de este modo ser más efectivo en su accionar.

La supervisión tiene su origen en los ámbitos propios de las psicoterapias y del Psicoanálisis, donde es frecuente que los profesionales revisen su tarea con alguien que tenga mayor experiencia y les pueda enseñar o indicar cómo encarar a determinados pacientes o el rumbo que les conviene tomar.

En estos procesos, el rol del supervisor es el del que sabe, el experto, y el del psicólogo, el de aprendiz.

La supervisión recién comienza a tener difusión en el ámbito del Coaching y es resistida en algunos círculos que sostienen que es el equivalente a la que se realiza sobre el trabajo psicoterapéutico, aunque con diferencias de nivel.

Desde el punto de vista que comparto, hay una gran divergencia entre la supervisión de Coaching y la que se hace sobre la Psicoterapia, ya que en el Coaching el supervisor hace un *coaching del coach*, trabajando sobre sus bloqueos, sus reacciones emocionales frente a determinados clientes y sobre cómo pone en juego su identidad, sin ubicarse en un lugar del "saber", sino ayudando a reflexionar al coach a través de preguntas, en un diálogo entre pares. Los lineamientos que sigue el supervisor de Coaching son similares a los que sigue el coach con su cliente, pero tienen la particularidad de estar focalizados sobre "quién es el coach" cuando hace Coaching.

Se puede trabajar a partir de sesiones grabadas o del relato que pueda hacer el coach basándose en anotaciones que toma de una sesión de Coaching.

Dentro de lo que se entiende como supervisión, el supervisor puede asesorar, recomendar bibliografía y brindar mentoring en caso de que lo considere necesario. El mentoring es un recurso utilizado para mejorar, en general, la habilidad del coach frente a su trabajo y, en particular, su destreza en el empleo de las competencias.

La función principal del mentor coach es dar *feedback* alentador sobre las competencias presentes y *feedback* correctivo sobre lo que el coach tendría que modificar o agregar para poder acceder a un nivel superior de acreditación o de performance.

Conclusiones

Para mi asombro, durante el estudio pormenorizado en el que se basa este texto, encontré más puntos en común que diferencias entre el Coaching y las psicoterapias, sobre todo cuando me enfoqué en la comparación con las posmodernas, hecho que me condujo a pensar en lo que se conoce como "transdisciplina", concepto acuñado por un movimiento intelectual y académico aparecido recientemente, que se propone ir más allá no solo de la unidisciplinariedad, sino también de la multidisciplinariedad y de la interdisciplinariedad.

La idea central que guía a este movimiento es la de evitar la parcelación del conocimiento que reflejan las disciplinas particulares y su consiguiente y excesiva especialización, y de este modo superar la incapacidad para comprender las complejas realidades del mundo actual, que se distinguen, precisamente, por la multiplicidad de los nexos, de las relaciones y de las interconexiones que las constituyen.

Me pregunto si la transdisciplina será la que impere en el futuro. Tal vez lo más aconsejable sería que así sea, porque dada la complejidad del ser humano, una disciplina demasiadas veces no basta para dar cuenta ni mucho menos para resolver situaciones que atañen a otras áreas de conocimiento. Esto hace que, por ejemplo, cada vez se pongan más en evidencia fallas en las especialidades médicas que fraccionan a la persona y pierden de vista al ser humano como totalidad, hecho que genera que tantas veces haya que recorrer un consultorio tras otro, para consultar a diferentes especialistas de quienes se obtienen a menudo indicaciones contradictorias que generan efectos secundarios no deseados, y hasta devastadores.

Cada vez más se impone una mirada holística, totalizadora del ser humano, y sostengo que el Coaching viene a cumplir con esa función, al colaborar para el bienestar de la humanidad tanto a nivel laboral como personal. ¿Será acaso el Coaching la transdisciplina del futuro?

Un verdadero viaje de descubrimiento no es el que lleva a buscar nuevas tierras sino el que hace tener una mirada nueva.

Marcel Proust

Bibliografía

Austin, J.: *Cómo hacer cosas con palabras*, Conferencias ofrecidas en Harvard durante 1955. Edición póstuma, 1962.

Beker, E.; Benedetti, C.; Goldvarg, N.: "Ética, ecología y salud." Revista *Vertex*, Buenos Aires, 1995.

Camuso, E.: *Curso de Filosofía*. Apuntes personales, 1995/2000.

Capra, F.: *El punto crucial*, Editorial Integral, Barcelona, 1985.

Echeverría, R.: *Ontología del lenguaje*, Ediciones Granica, Buenos Aires, 2001.

Goldvarg, D.; Perel, N.: *Competencias de Coaching aplicadas*, Ediciones Granica, Buenos Aires, 2012.

_____: *Mentor Coaching en acción / Feedback para un coaching exitoso,* Ediciones Granica, Buenos Aires, 2016.

Habermas, J.: *Pensamiento post metafísico*, Taurus, Madrid, 1990.

Kuhn, T.: *La estructura de las revoluciones científicas*, Fondo de Cultura Económica, 1962.

Lipovetsky, G.: *La era del vacío*, Anagrama, Barcelona, 1994.

Lores Arnaiz, M.: *Epistemología y paradigmas*, Editorial de Belgrano, Buenos Aires, 1982.

Ortiz de Zárate, M.: "Psicología y Coaching / Las diferentes escuelas", revista *Capital Humano*, Volumen 23, Número 243, Foro del Colegio Oficial de Psicólogos de Madrid, 2010.

Prigogine, I.; Stengers, I.: *La nueva alianza*, Alianza Editor, Madrid, 1990.

Searle, J.: *Actos de habla*, Paidós, Barcelona, 1986.

Tarragona Sáez, M.: "Las terapias posmodernas: Una breve introducción a la Terapia Colaborativa, la Terapia Narrativa y la Terapia Centrada en Soluciones", revista *Psicología Conductual*, Volumen 14, Número 3, 2006.

Walk, L.: *Coaching para coaches*, Gran Aldea Editores, Buenos Aires, 2013.

Wittgenstein, L.: *Investigaciones filosóficas*, Editorial Instituto de Investigaciones Filosóficas, México, 2003.

EL COACHING ONTOLÓGICO DESDE EL PSICOANÁLISIS

Concordancias y divergencias

CLAUDIA KLEIDERMACHER

Introducción y contexto

Me gradué como licenciada en Psicología, en la Universidad de Buenos Aires, y los primeros años me orienté a la Clínica Psicoanalítica, tanto en formación de posgrado como en la práctica de consultorio. A partir de 1995 me orienté hacia el mundo corporativo y comencé a trabajar en Recursos Humanos dentro de diversas organizaciones. Para ello me capacité en temas específicos requeridos por mi práctica. Incursioné *a posteriori* en el Coaching de carrera, en Outplacement, en E-learning y, finalmente, en 2004, abrí mi propia consultora de Recursos Humanos.

Mi encuentro con el Coaching

En el año 2012 decidí iniciar mis estudios sobre Coaching Ontológico en la Escuela Argentina de PNL & Coaching, que dirige Lidia Muradep. Así fue como, buscando en el Coaching un producto para sumar a mi *portfolio*, obtuve mucho más: una experiencia transformadora, que cambió mi forma de ver, escuchar, entender y decodificar mi entorno.

El Coaching llegó a mi vida para sumar. Experimenté, en su ámbito, una formación de carácter vivencial que tiene el potencial de producir transformaciones a nivel profundo en el ser humano que se entrega y exhibe la apertura necesaria.

Estudiar Ontología del Lenguaje me capacitó en el arte de hacer mejores preguntas y de evitar hacerlas de modo encadenado. Aprendí también a respetar los silencios, a no llenar los huecos del discurso del otro con mi propio mapa, inevitablemente delineado por mi esquema de valores y mis juicios; y a plantear interrogantes que inauguraran espacios de reflexión en vez de clausurarlos con certezas.

El Coaching Ontológico me enseñó, además, a conectarme con mis emociones, a darles nombre, a gestionarlas. De su mano detecté mis conversaciones internas, que antes no sabía que tenía, y comprendí lo saludable que es hacerlas públicas y cómo y cuándo hacerlo, dado que es importante que esté generado en el contexto propicio.

Poco a poco fui comprobando los resultados maravillosos que al aplicar estas distinciones se obtienen en los equipos, en las parejas, en las empresas, cuando modifiqué y ayudé a modificar modos de conversar, de pedir, de ofertar, de escuchar, y generé así posibilidades de arribar a acuerdos, de coordinar acciones y de asumir compromisos, entre tantas otras cosas.

Comprobé de esta manera cómo la mala comunicación, la incompleta, ineficiente, y también la falta de comunicación ocasionan problemas que impactan de modo directo sobre la cultura y el clima organizacional, sobre los vínculos, sobre la motivación de la gente, sobre la concreción de los objetivos, sobre el modo de relacionarnos; y esto me llevó a concluir que los cambios que se pueden lograr haciendo uso de las herramientas que aporta la Ontología del Lenguaje son impresionantes.

Mi presente

Lo aprendido es lo que pongo al servicio de los demás, ya sea desde el rol de coach, o como facilitadora, ya sea como psicóloga o como consultora en Recursos Humanos, tanto en procesos grupales como en casos individuales, con particulares o en empresas. Y siempre lo hago teniendo en cuenta que los distintos saberes o roles requieren colocarse "sombreros de diferentes colores", como enseña Edward de Bono en su exitoso libro *Seis sombreros para pensar.*

Partiendo de mis propios quiebres y experiencias, de mis aciertos y mis fracasos, como coach, practico el oficio y el arte de acompañar al otro en su camino de aprendizaje.

El Coaching Ontológico se basa en una teoría que muchos profesionales elegimos y abrazamos después de conocer los resultados positivos que genera, y que primero comprobamos en nosotros mismos, desde luego. Hacemos esto sin menoscabar las elecciones de otros profesionales, porque reconocemos que no hay una sola teoría válida ni verdades absolutas, y que no a todos nos sirve lo mismo.

Mi acercamiento al Coaching y a la Ontología del Lenguaje

Suele resultar complicado estudiar algo nuevo y desconocido partiendo de una "página en blanco". Este fenómeno, que se da en la casi totalidad de las personas, fue explicado por el filósofo francés Gastón Bachelard cuando elaboró el concepto de *obstáculo epistemológico* para referirse a los impedimentos de tipo psicológico que dificultan una correcta apropiación del saber objetivo.

El estudio sobre las dificultades del aprendizaje había sido iniciado tres siglos antes por Francis Bacon, que en su obra *Novum Organum* planteó la necesidad de mantener una actitud escéptica frente a todo el conocimiento obtenido si se desea aprender, y para lograr esto propuso limpiar la mente de los "errores" que siempre están presentes cuando se realiza una investigación, a los que identificó como prejuicios que hacen las veces de obstáculos e impiden la correcta interpretación o incorporación de lo nuevo.

Como puede apreciarse, Bachelard y Bacon coinciden en que para alcanzar conocimientos nuevos debemos establecer una ruptura epistemológica.

Opino que este es un punto fundamental, ya que si cuando buscamos aprender logramos romper con los conocimientos anteriores, entendidos como algo fijo y rígido, permitimos el ingreso de lo inédito, y es durante este proceso que se genera o "construye" el nuevo conocimiento.

Cito una vez más a Bachelard: "Llega un momento en que el espíritu prefiere lo que confirma su saber a lo que lo contradice, en el que opta por las respuestas en vez de por las preguntas. Entonces, el espíritu conservativo domina y el crecimiento intelectual se detiene".

Cuando esto sucede, es una verdadera pena, porque el sujeto teme avanzar y deja de aprender. Se estanca frente a esa manifestación del miedo a soltar lo conocido, a salir de la zona de confort para lanzarse y descubrir terrenos no explorados.

Lo cierto es que la tendencia de la mayoría de las personas, cuando aprendemos, es insertar lo nuevo en los engranajes de conocimientos previamente adquiridos, y para cumplir con ese recorrido hacemos comparaciones, establecemos contrastes y consideramos diferencias.

Como consecuencia directa de lo que vengo explicando, un gran juego de comparaciones se desarrolló en mi interior cuando, portando mi formación en Psicoanálisis, me acerqué a la Ontología del Lenguaje. El momento en que comencé a aprender fue cuando logré poner "entre paréntesis" el Psicoanálisis, entendiendo que me encontraba frente a dos disciplinas diferentes.

Considero que es altamente complejo tratar con la psiquis del ser humano, y que exige un alto grado de responsabilidad, "estar a la altura de las circunstancias". Disponerse para ayudar a un "otro" que quiere cambiar aquello que le resulta disfuncional, que desea superar un obstáculo porque le impide su desarrollo, requiere de un compromiso personal, profesional y ético –a mi juicio– muy elevado.

Pienso que la formación universitaria me aportó algo que el Coaching acrecentó: una aceitada capacidad de escucha y entrenamiento para atender padeceres, interpretar narrativas y poder ir más allá del relato específico que trae el coachee.

¿Para qué comparar Psicoanálisis y Coaching?

Plantear un espacio comparativo entre el Psicoanálisis y el Coaching Ontológico (entendiendo que en la actualidad no hay un solo Psicoanálisis, sino que existen variedad de escuelas y posiciones) me resulta, en primera instancia, un desafío personal, un ejercicio intelectual interesante y amplísimo.

Mi consigna de partida es que ni el Coaching Ontológico ni el Psicoanálisis representan "la verdad" en términos absolutos, sino que, al contrario, son construcciones teóricas coherentes que operan y funcionan en distintas circunstancias y con diferentes objetivos.

Esta premisa de base es la que hace nacer en mí el entusiasmo necesario para escribir este capítulo y exponer mis impresiones, con la intención de ofrecerlas al debate con otros colegas.

Consideraciones generales

El Psicoanálisis es un método creado por Sigmund Freud que tiene como objetivo la investigación y el tratamiento de las enfermedades mentales, haciendo hincapié en el análisis de los conflictos alojados en el inconsciente desde la niñez, generalmente de origen sexual. Freud era médico y neurólogo. Nació en Austria y falleció en Londres escapando del nazismo.

El Psicoanálisis nace en una época de gran represión sexual y en el marco que brindaba la sociedad vienesa conservadora. Las teorías de Freud, expuestas en este contexto, tuvieron un impacto tremendo, cuando no rechazo, y por supuesto, merecieron críticas de diversos ámbitos.

Las primeras pacientes de Freud fueron mujeres afectadas por parálisis en algún miembro o por ceguera. Estas afecciones físicas no tenían explicación biológica alguna, e hicieron que Freud comenzara a estudiar la histeria, y a descubrir, de esta manera, que la causa de los males estaba escondida en un trauma reprimido, que gracias al método hipnótico la paciente verbalizaba, produciendo así una liberación de energía asociada a la situación traumática. Esta operación, llamada "catarsis", iniciaba un proceso que tendía a hacer desaparecer los síntomas. De esta manera, la palabra cobró una dimensión relevante y pasó a ser el elemento primordial en el desciframiento del inconsciente.

Después de un tiempo de prueba, Freud descartó la hipnosis y la sugestión como metodologías indagatorias e instauró lo que llamó la "asociación libre", que hoy sigue siendo utilizada por los psicoanalistas.

Los sueños, los actos fallidos (acciones equivocadas) y los *lapsus linguae* (errores cometidos al hablar) fueron estudiados en profundidad por Freud, que los consideró vías directas al inconsciente o, para decirlo en otras palabras, la forma en que el inconsciente aparece en el discurso y se expresa.

El Psicoanálisis trata con pacientes que buscan curarse

El inconsciente dejó de ser, a partir de los aportes de Freud, lo "no-consciente", o un reservorio de recuerdos, para convertirse en una entidad diferencial con mecanismos particulares y leyes propias.

El Psicoanálisis, a partir de Lacan, postula un inconsciente estructurado como lenguaje. Esto, en una primera lectura, aparece como un concepto análogo al postulado ontológico "no sé que no sé", pero en realidad es mucho más complejo, porque en el inconsciente entran en juego el "deseo" y el lugar de "verdad" del sujeto.

La Ontología del Lenguaje y el inconsciente freudiano

Rafael Echeverría, sociólogo y doctor en Filosofía de origen chileno, en su libro *Ontología del lenguaje* se muestra opuesto a la idea del inconsciente que construye Freud, a partir del desdoblamiento que plantea la existencia de intenciones conscientes e intenciones inconscientes.

Echeverría, a mi entender, manifiesta que Freud hace más complejo innecesariamente el problema de la intencionalidad, dado que, para comprender el comportamiento humano, el médico vienés postula que debemos indagar en las intenciones inconscientes. Por el contrario, el pensador chileno, basándose en la teoría de Friedrich Nietzsche, desarrolla el concepto de que las acciones determinan el *yo* que somos, y a partir de esta discusión teórica desarrolla el concepto de "inquietud", para reemplazar a la intención como motor de las acciones. De este modo, en el esquema de pensamiento de Echeverría, una acción que no sea atribuible a una inquietud carece de sentido.

Echeverría desarrolla su concepto de "inquietud" basándose en lo que postula el filósofo alemán Martin Heidegger, y afirmando que cada vez que hacemos algo es para hacernos cargo de algo, lo que equivale a decir que, dada una inquietud, el *yo* lleva a cabo una acción. De este modo, la inquietud es la que confiere sentido a la acción, y las inquietudes son relatos o historias que cada uno de nosotros construye para sí mismo.

El observador desde la Ontología del Lenguaje

Echeverría postula al ser humano como un observador con tres dominios de idéntica importancia que plantean una estructura de coherencia: el lenguaje verbal, la emocionalidad y la corporalidad. Dice, además, que estos dominios aparecen amalgamados en una estructura, que cualquier alteración que se produzca en uno de los tres afecta al resto y que la falta de coherencia se visualiza, por ejemplo, cuando hay algo del cuerpo que no se condice con el lenguaje verbal. Esto se observa con claridad cuando una persona que afirma estar alegre tiene una expresión facial de tristeza.

Algunos puntos relevantes del Coaching

El Coaching trabaja con personas sanas que persiguen el logro de objetivos concretos, no con pacientes. Estas personas sanas buscan un cambio que no pueden lograr solas, lo que equivale a decir que el coachee es alguien que quiere conseguir algo que se le dificulta, y ese tránsito entre la situación presente y la situación deseada, a la que arriba en el momento de conseguir su objetivo, es lo que denominamos *camino de aprendizaje*.

Importa, entonces, reforzar la idea de que el Coaching no es una terapia, aunque pueda tener efectos terapéuticos.

¿De qué hablamos cuando hablamos de "quiebre"?

El quiebre puede desencadenarse por un estímulo externo o interno, que puede ser positivo o negativo, pero siempre es aquello a partir de lo cual las cosas ya no pueden ser como antes para el observador/sujeto/individuo. El quiebre marca un antes y un después, y hace que una persona tome una decisión, formule una declaración o cumpla con una acción. Podemos sintetizar la definición del término "quiebre" diciendo que *algo sucedió y a partir de ese suceso algo cambia.*

Munido de esa emoción, de esa necesidad, en esa circunstancia, con esa pregunta, con esa inquietud acude el coachee al espacio conversacional de Coaching.

El resultado de la sesión o de un proceso de varias, devengará en el logro de un objetivo, que es conseguido luego de generar un cambio, una transformación que percibe el coachee en sí mismo. Esta variación, este cambio de mirada, esta ganancia, le abre las puertas a un mundo de posibilidades que antes no lograba visualizar. Lo que hasta ese momento no era considerado posible, hacia el final del proceso lo es.

Las creencias o juicios limitantes

El deseo de cambiar se topa a veces con creencias o juicios limitantes, que operan como frenos y obstaculizan el proceso de aprendizaje y cambio. Al ser trabajados, a través de lo que se conoce como "desafío de juicios" y otras técnicas, estos juicios caen y dejan de tener sentido para el coachee. En conclusión: el cambio es posible.

Sin embargo, quienes trabajamos como coaches observamos que en algunos casos las herramientas de las que disponemos no funcionan, o no alcanzan para producir variaciones de conductas y de resultados. La lectura que hacemos de este fenómeno nos indica que la voluntad de cambio, en determinados aparatos psíquicos con específicas patologías, no es obtenible aplicando técnicas de Coaching.

Lo que se conoce como "límites del Coaching" refiere a lo que se puede lograr y lo que no es posible alcanzar utilizando las herramientas que provee nuestra profesión.

Cito un pequeño fragmento de lo escrito por Damián Goldvarg y Norma Perel de Goldvarg en su libro *Competencias de Coaching aplicadas*: "Un coach debe tener claro qué temas son o no son pertinentes para que sean incluidos en el proceso de Coaching. Los problemas relacionados con ansiedad, depresión, drogadicción u otras patologías de origen emocional y mental no pertenecen a este campo".

Es fundamental que un coach esté en condiciones de poder declarar su incompetencia para abordar temáticas que no puede trabajar por ser propias de otros dominios del conocimiento.

Similitudes y diferencias entre Coaching y Psicoanálisis

Los roles del paciente y el analista, y los del coach y el coachee

El paciente supone un saber en el analista, y por eso, dada la transferencia, confía, se abre y despliega su relato. Esto se llama "sujeto supuesto saber". Ese es el rol del analista.

El coachee también supone un saber en el coach, pero la diferencia está en que el coach no asume ese lugar de tanto poder y explicita esta posición definiendo su rol como el de "facilitador del proceso".

Transferencia y *rapport*, e interpretación y resistencia

Lo que se conoce como "transferencia" es un elemento fundamental para que el tratamiento psicoanalítico prospere. Digamos que es un proceso inconsciente que se desarrolla dentro del vínculo analista-paciente, a través del cual el paciente re-vivirá en el espacio de la terapia y proyectará en el analista el mismo estilo de relación que mantiene y sostuvo tanto con sus representaciones parentales como con otras personas significativas en su vida. También existe lo que se conoce como "contratransferencia" (aspectos desarrollados en el capítulo anterior).

Es importante aquí introducir el concepto de *rapport*, como aporte de la PNL (Programación Neurolingüística), que implica que el coach y el coachee estén en la misma sintonía, el mismo tono, el mismo volumen… y hasta en similar postura física. El coach espeja al coachee para dar curso a una relación de confianza y para establecer una burbuja de intimidad. Instalado el *rapport*, la comunicación es mucho más sencilla.

En su libro *Coaching para la transformación personal*, Lidia Muradep escribe que "el *rapport* (palabra de origen inglés) es la creación de un ambiente de confianza y credibilidad", y agrega que "se logra acompasando al coachee, igualando lenguaje, ritmo, volumen y postura corporal".

El psicoanalista interpreta, puede hacer señalamientos, y si considera que el paciente no acepta una interpretación suya como válida, puede interpretar esta "negativa" o "rechazo" del paciente como una "resistencia", que se verbaliza dentro del encuadre del tratamiento; y la resistencia por parte del paciente puede vincularse a la cercanía del material inconsciente reprimido.

En cambio, para el Coaching, "el saber" lo tiene el coachee. Para interpretar, el coach pide permiso, y la interpretación tendrá sentido solamente si le provoca sentido al coachee, o sea, si éste le ve alguna relación con la dificultad que declara tener.

Una interpretación que para el coachee "aquí y ahora" es "no", para el Coaching Ontológico es, efectivamente, "no". Si el coachee declara no estar de acuerdo con una interpretación, esa interpretación cae inmediatamente y pierde sentido. Y no importa por qué es "no". En verdad, sabemos que como coaches no nos conduce a nada indagar allí.

El coachee es informado, durante la etapa inicial, antes de que se establezca el "acuerdo", de que durante la conversación tendrá derecho a declarar que no quiere ser indagado sobre un aspecto determinado, y el coach respetará esa indicación.

De todos modos, es útil para el coach proponer su interpretación al coachee, dado que de este modo silencia su conversación interna y evita así que interfiera en la escucha, con el riesgo que esto genera de perder "presencia" (una de las competencias clave del Coaching para la ICF).

La diferencia en el concepto de "interpretación" para el Psicoanálisis y para el Coaching es que en el primer caso remite al inconsciente freudiano y en el segundo a las creencias limitantes

Se sabe que una interpretación conlleva el peligro de imponer el "mapa" propio, la particular percepción que tiene cada uno del mundo, sus valores, sus juicios, sus experiencias, su historia. Es útil recordar siempre que cada uno de nosotros habla desde su lugar, desde quienes somos y estamos siendo.

El coach tiene que concentrarse en el coachee, tiene que estar muy "presente", para conectarse con lo que dice y hace y con lo que lo emociona, pero esta conexión profunda no debe llevar a que el coach proyecte su propio "mapa".

Cito a Laplanche y Pontalis, para utilizar la definición que en su *Diccionario de Psicoanálisis* hacen del término "proyección". Dicen los autores que "es una operación por medio de la cual el sujeto expulsa de sí y localiza en el otro (persona o cosa) cualidades, sentimientos, deseos, incluso objetos que no reconoce o rechaza en sí mismo. Es una defensa muy arcaica".

Las distancias físicas

El tono de la conversación tanto en Coaching como en Psicoanálisis se da en un entorno de mucho cuidado y respeto.

El coach establece la distancia física con el coachee de acuerdo con lo que para el coachee resulte más cómodo, y al mismo tiempo respeta el liderazgo del coachee, tanto en este aspecto como en todos los que tienen que ver con el desarrollo de la sesión.

En el consultorio de un psicoanalista generalmente no sucede que el profesional mueva su sillón para estar más cerca del paciente, ni tampoco que regule o rediseñe la distancia con cada paciente en particular. La ubicación de los asientos y la distancia que separa a ambos, la mayoría de las veces, es fija. Lo mismo sucede si el profesional trabaja utilizando la opción del diván.

Posicionamiento en el aquí y ahora con proyección al futuro

El Coaching Ontológico se posiciona en el aquí y ahora del coachee. Parte de la problemática actual del cliente y apunta a los logros que quiere conseguir durante el proceso. Evita regresos a tiempos pasados o invitaciones a relatos históricos. En su ámbito, la reconstrucción del pasado puede carecer de significado *per se*. En un punto, hasta es peligroso hacerla, sobre todo para un coach con poca experiencia, dado que el coachee puede conectarse emocionalmente con la experiencia pasada y luego resultar difícil reconectarlo con su presente

Destaco la importancia de mantener el foco en el objetivo que trajo el coachee a la conversación, que apunta al futuro y a obtener logros concretos. El "por qué" o preguntas que remitan a situaciones pasadas se hacen, durante una conversación de Coaching, solo para buscar material positivo, que le sirva al coachee para resolver una dificultad actual. Me estoy refiriendo a poder recurrir a la "caja de herramientas", es decir, a los recursos que el coachee tiene, pero desconoce que tiene.

Me refiero específicamente a sus habilidades, distinciones, competencias que le han permitido, en algún momento, sortear un obstáculo que se repite hoy, aunque muy probablemente con diferencias.

La idea es que el coachee tome conciencia de que puede utilizar los recursos que en ocasiones similares lo ayudaron a salir adelante.

Algunas escuelas psicoanalíticas se centran en experiencias de la infancia, sucesos que pueden tener incidencia en lo que hoy le sucede al paciente y que además son, supuestamente, la causa fundante que determina su situación presente. Estas escuelas rastrean el "eslabón perdido", los "porqués".

Al poner énfasis en la reconstrucción histórica, se corre el riesgo de que el paciente establezca un circuito cerrado entre la problemática y su posibilidad de salida, y que elabore una interpretación errada, tendiendo a la justificación y/o a la distribución de responsabilidades en muchos personajes significativos de su vida, a los que puede considerar causantes directos y unívocos de su padecimiento.

Es importante tener en cuenta que en estas circunstancias el paciente puede quedar fijado en escenas del pasado, intentando excesivamente desentrañar la etiología de su malestar. Esto, a la vez, podría coadyuvar a que se sienta justificado en estos "porqués" que encuentra en su historia (ya sea real, ficticia o encubridora), y operen como excusa para su estar siendo hoy.

El Coaching Ontológico plantea un cambio de rol en el cual el coachee (quien ya dijimos que es un individuo sano) logra tomar las riendas de su vida, haciéndose cargo con responsabilidad del diseño de su presente y de su futuro.

Metodología de trabajo

En una sesión de Psicoanálisis, el paciente comienza a hablar libremente de lo que desea, despliega un discurso sin guía ni ordenamiento alguno e incluso, si no desea hablar, no lo hace.

El sustento teórico de esta estrategia está en que se impone apelar a que el inconsciente asome, y recién en ese momento, cuando eso sucede, interviene el analista con una interpretación o una pregunta.

En una conversación de Coaching hay una metodología en la cual podemos citar cuatro momentos clave a los efectos de identificarlos, y que cabe aclarar que no son sucesivos sino simultáneos, ya que la exploración se da desde el comienzo y el cambio de observador (que explicamos más adelante en este mismo capítulo) se puede dar en el acuerdo.

1) Acuerdo (establecimiento de la "brecha").
2) Exploración.
3) Si hay cambio de observador, diseño de acciones.
4) Cierre.

El "acuerdo", que podrá ser re-pactado en el devenir de la conversación, indica el "norte" a seguir, el objetivo a conquistar. En él se define lo que quiere trabajar el coachee, y su meta. Es la etapa en la que el coachee revela su "quiebre", un momento fundamental de la conversación que si no es lo suficientemente claro puede perjudicar el proceso. La confusión en el "acuerdo" puede dificultar el sentido del Coaching, y en ese contexto, la posibilidad de aprendizaje.

Si el acuerdo está bien definido, ¡allá vamos!

El camino se va construyendo durante el devenir de la conversación, en virtud de los juicios que aparezcan y las emociones que vayan surgiendo, pegadas al acuerdo o dentro del acuerdo; y a partir de la definición de la "brecha" que separa el "estado actual" del "estado deseado" se da inicio a la "exploración".

Una sesión de Coaching es una co-creación entre el coach y el coachee, ya que el primero es quien invita a desafiar juicios, propone ejercicios lúdicos, dramatizaciones, metáforas, humor, entre otros recursos. Debido a esto, cada sesión de Coaching es única y los caminos que se recorrerán también lo son.

Objetivos específicos que tienen que quedar claros en el acuerdo

En el acuerdo, las preguntas apuntan a lo descriptivo, a desenvainar el sentido subjetivo que el coachee asigna a las palabras. No se da nada por sentado ni se comparten sentidos *a priori*, porque de hacerlo se puede perder algo interesante que allí mismo, en la etapa inicial, podría asomar.

Actualmente, la ICF propone que los coaches con experiencia comiencen ya desde el acuerdo con formular preguntas acerca del "quién", es decir, de la identidad del coachee.

Si el coach trabaja sobre el tema y nada más, es decir, sobre el "relato", el "*storytelling*", es poco probable que el coachee logre un cambio de observador. No se producirá la transformación que el Coaching Ontológico promueve.

El Coaching Ontológico trabaja con el ser y con la identidad

En estas conversaciones se apunta a un cambio de observador desde el "quién está siendo" y "quién quiere ser" el coachee, y también sobre cuál es su grado de responsabilidad en lo que le está sucediendo.

El coach, partiendo del material discursivo que aporta el coachee, desafía los juicios, apela a metáforas o analogías que trae el coachee, o incluso puede invitarlo a construir alguna. Puede también hacer uso de cuentos, ejercicios de asociado-disociado, dramatizaciones, escenarios imaginarios, visualizaciones o ensueños dirigidos y técnicas lúdicas, entre muchos recursos que se utilizan para que aflore ese "algo más" o las escenas paralelas a la narrativa específica que trae el coachee en el "aquí y ahora". De este modo, surge el patrón de comportamiento y la emocionalidad que subyace en la narración coyuntural del tema que se expone.

Con el desafío de juicios se procura identificar los otros ámbitos en donde la problemática se despliega, la emocionalidad que acompaña a estas creencias o convicciones, los patrones de referencia significativos que el coachee toma para declarar estos juicios y los hechos concretos que los fundamentan.

Los juicios pueden ser válidos o inválidos, pero de ningún modo se constituyen en "verdades". Siguen siendo juicios, y como tales, absolutamente subjetivos, e incluso pueden ser válidos hoy e inválidos mañana.

Es necesario desplegar y abrir los juicios para que el propio coachee pueda visualizar la falta de sustento que algunos de ellos tienen en su presente. Algunos pudieron haber tenido mucho sentido en el pasado, pero ya no tenerlo, después de caer en el vacío y perder sentido de verdad. Pueden, algunos juicios, dejar de sujetar al coachee a narrativas pasadas que ya no lo representan en su "aquí y ahora".

Si el coach no avanza en este sentido, corre el riesgo de que el coachee se vaya de la conversación de Coaching con exactamente el mismo interrogante que trajo. Es decir, que no ocurra ningún cambio, que no haya aprendizaje, que no se dé cuenta de nada. En estos casos, aunque el coachee se vaya muy contento y con una lista de acciones para llevar a cabo, no hay cambio sustancial alguno, no hay salto cualitativo.

Sabemos que las once competencias que avala la ICF atraviesan toda la conversación de Coaching y también que no se aplican en un momento determinado. La "confianza", la "presencia", la "escucha activa", el "preguntar poderosamente"… conforman un sólido sustento para el trabajo del coach, que comienza en el "acuerdo", donde, como ya mencioné, inclusive se puede dar un "cambio de observador".

Solamente el "diseño de acciones" tiene, por lógica, un lugar previamente determinado, al final de la sesión.

El relato de un sueño, un equívoco, un fallido, un chiste, una grieta en el discurso, algo que se escucha y hasta resulta disonante, de una lógica diferente; un cambio en la emocionalidad que el coachee no detecta, pero que manifiesta tal vez con un movimiento corporal o un tono diferente de voz, son todas cuestiones fundamentales a ser escuchadas, son ventanas hacia otra dimensión, espacios en donde indagar.

Como coaches, en algún sentido, nos ubicamos en un plano diferente del discurso para poder vislumbrar otro escenario, que algunos llaman, en Coaching, "tema detrás del tema", y que establece un vínculo de parentesco con el inconsciente freudiano.

"El hablar no es trivial ni inocente, se es responsable de lo que se dice y de lo que no se dice", afirma Rafael Echeverría en *Ontología del lenguaje*.

Todo, absolutamente todo lo que suceda en la conversación pertenece a la conversación, y así como el lenguaje no es inocente, todo material que "surge de" o es "traído a" la conversación pertenece a ella y tiene un "para qué". Sobre ese material, sobre la totalidad o sobre lo que el coach perciba como valioso es preciso indagar, teniendo claro que lo que se deja pasar, tal vez después no vuelva.

Por eso, aun lo que parezca obvio, un comentario al pasar, un recuerdo que se mezcla, una palabra que sale en lugar de otra, es importante.

Culminación del proceso

Para el Psicoanálisis freudiano, el fin del tratamiento tiene lugar cuando el psicoanalista y el paciente acuerdan que el síntoma ha desaparecido, o "remitido".

El fin del proceso de Coaching, en cambio, estará dado cuando el coachee logre cumplir con sus objetivos maximizando su potencial. En el acuerdo se pauta la cantidad estimada de sesiones necesarias para alcanzar los resultados deseados por el coachee. Cantidad que se puede redefinir de no haberse cumplido los objetivos.

Podemos destacar una convergencia entre ambas disciplinas aquí, dado que el paciente, al ser dado de alta, se supone que estará en condiciones psíquicas de disfrutar de la vida, de ampliar sus horizontes, de mirar su historia con otra perspectiva. Para el Coaching esto es lo que se llama "cambio de observador".

Síntesis de las características intrínsecas del Coaching

- El Coaching es un proceso de aprendizaje que se da en el marco de una conversación, en la que el coachee quiere tratar una situación.
- El coachee persigue un logro y tiene un objetivo.
- El Coaching trabaja con un individuo "sano" y no trabaja sobre una patología.
- El Coaching procura maximizar el potencial del coachee.
- El Coaching crea, genera y propicia espacios de aprendizaje.
- El foco está puesto en el cambio y el logro de resultados.
- Parte del tiempo presente y se orienta hacia el futuro.

Cambio de observador

El cambio de observador es un logro del coachee, un momento de la conversación de Coaching en el que, a partir de un cambio en su emocionalidad, visualiza su problemática desde un nuevo lugar y vive una transformación con todo su ser. Lo que no era posible hasta ese momento, pasa a serlo. Se visualizan opciones alternativas, se abren caminos para la acción. El problema deja de ser tal, cambia su cualidad. El coachee se alivia. Cae un juicio que sostiene un síntoma o una dificultad. Metafóricamente, se puede decir que la sangre empieza a circular por otros carriles, que antes estaban tapados. Se da una expansión o un corrimiento de los límites, las fronteras pasan a estar un poco más allá.

Podemos comparar el cambio de observador con el concepto psicoanalítico lacaniano de "cambio de posicionamiento subjetivo del paciente" y también con el "*insight*" o el "darse cuenta" que postulan ciertas psicoterapias.

Sin embargo, hay una característica fundamental y propia del Coaching Ontológico que sostiene que el cambio de observador sucede solamente si hay un cambio en la emocionalidad. Subrayo que este es un componente diferencial y muy importante con respecto a las otras disciplinas.

Esto equivale a decir que para que se concrete un cambio sustentable deben comprometerse la emoción, el cuerpo y el lenguaje.

Por eso, dentro del campo de conocimiento correspondiente al Coaching Ontológico postulamos que durante el cambio de observador se produce un aprendizaje de tercer grado o transformacional. No se trata de un cambio de hábitos o de aprender otro modo de hacer las cosas (aprendizaje de segundo grado). En este cambio al que aludimos hay un compromiso del ser.

Estas son "las preguntas" del coach para este momento:

- ¿De qué te diste cuenta?
- ¿Qué aprendiste en esta conversación?
- A partir de esto, de lo que te diste cuenta, ¿qué estás dispuesto a hacer?
- ¿Con qué te puedes comprometer?

El cambio de observador puede acontecer en plena etapa del acuerdo de Coaching, puede requerir varias conversaciones o puede no darse. No depende exclusivamente del coach, ni de sus buenas preguntas (o de que "pregunte poderosamente") ni de su disposición para la "escucha activa" o su capacidad asociativa. Entra en juego también la apertura del coachee, la capacidad que tenga para ver-se, para escuchar-se, para hacer síntesis, y la valentía de la que disponga o no para atreverse a abandonar su zona de confort o para aceptar, o para perdonar, y –subrayo– lo que su neurosis le permita, por supuesto.

En definitiva, los tiempos y las posibilidades de cada coachee son diferentes. Y es muy importante respetarlos.

Dijo Freud que el neurótico repite

Jean Laplanche y Jean Baptiste Pontalis, en su *Diccionario de Psicoanálisis,* definen el concepto de "compulsión a la repetición" planteado por Freud diciendo que "lo que ha permanecido incomprendido retorna; como alma en pena, no descansa hasta encontrar solución y liberación".

Cabe preguntarnos qué está sucediendo cuando el coachee quiere hablar siempre de lo mismo. ¿Será que en esos casos el tema que trajo no se trabajó del modo que hubiera permitido un cambio de observador?

Probablemente, en estos casos faltó desafiar juicios, desanudar creencias, proponer un ejercicio que facilitara al coachee ver su situación en perspectiva, desde otro lugar. Incluso pudo haber estado mal cerrado el "acuerdo" de Coaching, y que esto provocara que no se tuviera claro el objetivo, el para qué de la conversación.

Si durante el transcurso de un plan de varias conversaciones el asunto o la inquietud que quiere trabajar el coachee retorna, podemos inferir que lo que allí está incidiendo es la fuerza de atracción o fuerza centrípeta (hacia adentro) que ejerce el "estado o zona de confort". Se trata de la resistencia al cambio, que podemos sintetizar así: es más cómodo estar como se estaba antes.

Diseño de acciones

Este es un aporte que juzgo desafiante. Es propio del Coaching Ontológico y opera como elemento de consolidación del "cambio de observador".

• El coachee planifica y diseña las acciones que está dispuesto a llevar a cabo.
• El coachee asume aquí un compromiso consigo mismo (y con nadie más).

Esta instancia se da hacia el final de cada conversación de Coaching; y es importante aclarar que, a diferencia de lo que ocurre en algunas psicoterapias, las acciones son diseñadas por el coachee y no por el coach. Es "todo un momento" en la conversación. Me refiero a que es importante y necesario que el coach le asigne la relevancia que tiene.

Como ya mencioné y ahora subrayo, el sentido y el fundamento del diseño de las acciones es "anclar" el logro, fijar el "cambio de observador" del coachee en favor del objetivo final establecido en la conversación o del objetivo macro, si se trata de un proceso de varias conversaciones pautadas.

En un proceso de Coaching que se pauta con diez o doce sesiones, se establece en principio un objetivo macro, y en cada conversación en particular, cada logro o cambio de observador está contextualizado por esa conversación, pero genera un avance en dirección a la meta final planteada al inicio del proceso.

Lo que se conoce como "diseño de acciones" muestra una clara diferencia entre el Coaching Ontológico y el

Psicoanálisis. Se trata del momento clave en que la acción desplaza a la palabra y se pasa a otro registro. Tiene que ver con generar realidad, ni más ni menos.

El porqué de la importancia del diseño de acciones es explicado por Rafael Echeverría en *Ontología del lenguaje*, donde queda escrito que hay una relación estrecha entre acción y ser.

Desde la perspectiva del lenguaje tomado como acción que genera sentido, genera realidad y genera ser, Echeverría desarrolla el segundo principio de su teoría: "No solo actuamos de acuerdo a cómo somos (y lo hacemos), también somos de acuerdo a cómo actuamos. La acción genera ser. Uno deviene de acuerdo a lo que hace".

A esto hay que agregar que el coachee se enfrenta con su propia dificultad y la tiene que desanudar. Digamos que se estará enfrentando con sus fantasmas, con sus viejos juicios e historias, accionando una nueva realidad, y a partir de allí abre una puerta que lo conduce a un mundo de posibilidades.

Por supuesto que si el coachee no logra llevar a cabo las acciones diseñadas por él, será material de trabajo en la conversación siguiente.

La idea es descubrir cuál fue la dificultad que apareció en la realidad, y este nuevo trabajo conversacional se dará a partir de entender que el compromiso que asume el coachee es consigo mismo, y que si no logra hacer lo que dijo que quería hacer no le está fallando a nadie más, solo a sí mismo.

Se debe tener presente el lema "acción mata juicio", y también hay que tener claro su significado, porque remite al concepto de la acción generadora de ser y de identidad.

Conclusiones

Como dejé planteado al principio del capítulo, no todos los sujetos que quieran tener conversaciones de Coaching podrán tenerlas.

Los tiempos de los tratamientos psicoanalíticos son muy diferentes de los del Coaching Ontológico.

El Coaching plantea límites a su accionar y hay patologías específicas que están fuera de su área de incumbencia.

Hay situaciones en las que conviven conversaciones de Coaching y un espacio terapéutico. En estos casos, el Coaching Ontológico y el Psicoanálisis colaboran entre sí y operan de manera sinérgica.

Las conversaciones de Coaching son focalizadas sobre un tema específico y apuntan a la concreción de resultados. Esto no sucede en el espacio del Psicoanálisis, donde el profesional tiene una formación diferente acerca de la psiquis y del funcionamiento del aparato psíquico, además de contar con otras herramientas, disponer de otros tiempos y poder ayudar desde otro lugar.

Reflexión final y cierre

Se impone decidir qué hace el individuo con aquello de lo que "se dio cuenta". ¿Se compromete verdaderamente al cambio? ¿Cómo puede cambiar? ¿Qué está en sus manos hacer? ¿De qué se va a hacer responsable acerca de lo que le está pasando?

¿Y quién es, sino el propio observador, el sujeto que puede comandar esta acción? La acción posibilita la creación de otra realidad. Desde esta perspectiva, una nueva identidad es posible, y con ella, el logro de una mejor versión de nosotros mismos.

Confiemos en que se puede.

¡A trabajar!

Bibliografía

Bacon, F.: *Novum Organum*, Ediciones Folio, Barcelona, 2002.

Bachelard, G.: *El nuevo espíritu científico*, Nueva Imagen, México D.F., 1981.

_____: *La formación del espíritu científico*, Siglo XXI, Buenos Aires, 2004.

De Bono, E.: *Seis sombreros para pensar*, Ediciones Granica, Buenos Aires, 1988.

Echeverría, R.: *Ontología del lenguaje*, Ediciones Granica, Buenos Aires, 2010.

Freud, S.: *Obras completas*, Biblioteca Nueva, Madrid-Barcelona, 1981.

Goldvarg, D.; Perel, N.: *Competencias de Coaching Aplicadas*, Ediciones Granica, Buenos Aires, 2012.

Jones, E.: *Vida y obra de Sigmund Freud*, Anagrama, Barcelona, 1970.

Laplanche, J.; Pontalis, J. (bajo la dirección de Daniel Lagache): *Diccionario de Psicoanálisis*, Paidós, Buenos Aires, 2004.

Miller, A. (compilador): *Seminarios de Jacques Lacan*, Tomos: 1) *Los escritos técnicos de Freud*, 2) *El yo en la teoría de Freud y en la técnica psicoanalítica*, 5) *Las formaciones del inconsciente*, 8) *La transferencia*, 23) *El sinthome*, Paidós, Buenos Aires-Barcelona-México, 1981/2007.

Muradep, L.: *Coaching para la transformación personal*, Ediciones Granica, Buenos Aires, 2013.

UN CAMINO PERSONAL EN EL COACHING Y EL COUNSELING

NORA BIDERMAN

Introducción

En este capítulo procuraré hacer una revisión de mi camino sobre los campos del Coaching y del Counseling, sintetizando, desde mi experiencia y mi modo de hacer Consultoría, el aporte que ambos espacios profesionales pueden brindarse entre sí.

Mi objetivo es transmitir la posibilidad de integración de ambas áreas de conocimiento, y para cumplirlo tomaré como referencia mi propia historia. También describiré coincidencias, sin marcar diferencias, ya que entiendo que puede haber límites diversos y respetables atados a distintas miradas profesionales.

Desarrollé este texto teniendo como eje los principios fundamentales del Coaching Ontológico y de la Consultoría Psicológica, también conocida como Counseling desde el enfoque centrado en la persona, porque es el que corresponde con mi formación, mis investigaciones y mi experiencia laboral. Entiendo que es útil, en este punto, dejar claro que existen otros modos de abordaje, derivados de diferentes formaciones y contextos, ya que en cada país donde el Counseling tiene presencia pueden adoptarse normativas particulares respecto del ámbito de desempeño, de los requerimientos y de las metodologías de esta disciplina.

Aspiro a que estas líneas resulten de utilidad para brindar un panorama general del agregado de valor posible para la gestión profesional de Consultoría desde ambas disciplinas, incentivando la curiosidad necesaria para continuar explorando el camino.

El Counseling y el Coaching son dos fuentes de recursos que cual ríos de energía pueden correr paralelos o unirse en una confluencia que de nosotros depende.

Espero, estimado lector, que pueda disfrutar este capítulo, y que le resulte enriquecedor, como lo fue para mí el proceso de escribirlo.

Mis comienzos en el camino del Counseling y del Coaching

Durante mucho tiempo fui, en el mundo del Counseling, *la coach*, y en el mundo del Coaching, *la counselor*. Como dice la canción de Facundo Cabral, adolecí la circunstancia de no ser de aquí ni de allá.

Más tarde, me di cuenta de que soy mi modo de hacer Consultoría; y de que en este hacer en permanente cambio me voy construyendo.

Recuerdo una conversación con mi maestra y referente Lidia Mudarep, cuando le planteé esa crisis de identidad profesional que percibía con gran inquietud, esa sensación de ambigüedad que me generaba la pertenencia a dos mundos que a vista de otros no eran compatibles y en cambio para mí conformaban una unidad de territorio, una plataforma de coincidencias donde podía habitar y con una serie de diferencias para respetar.

Lidia, con su reflexión, cambió en ese momento mi perspectiva. Recuerdo que me ayudó a observar que esa posibilidad, tan mía, de habitar dos continentes uniéndolos con acciones efectivas, era una muestra cabal de que yo estaba haciendo posible lo que para otros era todavía imposible, y que con mi recorrido habilitaba para mí, y para todos aquellos que quisieran transitarlo, un nuevo espacio de percepciones y acciones.

Grande fue el impacto de sus palabras cuando escuché: "Nora, tu crisis de identidad laboral es la potencia de tus posibilidades, porque tu identidad será justamente esa particularidad, tu identidad será tu singularidad". En ese momento comprendí que no ser de aquí ni ser de allá era una muy buena oportunidad que me cabía desarrollar junto a todos los que quisieran acompañarme. Ese fue el comienzo de la construcción del presente que transito y del futuro que imagino.

No tengo verdades absolutas, solo pongo a disposición de quien quiera tomarlos conocimientos y herramientas, para que cada uno pueda probar si le sirven para trabajar mejor.

Estoy convencida de que:

Para incluir hay que saber, y para excluir, también.

Esta es mi premisa cuando lidero espacios de estudio de Consultoría y desarrollo desde ambas disciplinas.

Suelo invitar a mis colegas de Coaching a que se introduzcan en los principios y la metodología del Counseling, y a los counselors a que transiten los fundamentos del Coaching, para que evalúen si con los nuevos recursos pueden agregar más valor a su modo de ser en el mundo personal y en el profesional.

Para sustentar esa propuesta tengo una idea rectora:

El sabio nunca excluye sin conocer.

¿Cómo decir que no nos gusta tocar el piano si nunca probamos? ¿Cómo decir que no nos gusta tocar el violín si nunca tuvimos uno en nuestras manos? Podemos decir que no sabemos hacerlo, pero no podemos decir que no nos gusta o que no nos sirve algo que no exploramos.

Los ejemplos son claros en lo que hace a instrumentos musicales; pero en cuanto a técnicas de intervención en Consultoría también suele suceder que se desestime sin conocer.

¿Qué es el Counseling?

Desde el marco que brinda el abordaje rogeriano, denominado "enfoque centrado en la persona", el Counseling es un proceso de ayuda psicológica que tiende a facilitar la comprensión cognitiva, la resonancia vivencial, un "darse cuenta" de los constructos perceptuales implicados en las actitudes y conductas insatisfactorias, así como también a promover el autoconocimiento necesario para producir cambios, resolver problemas e incorporar recursos internos que favorezcan el desarrollo personal.

El Counseling es una disciplina que se instala en el campo de la Higiología, o prevención de la salud mental, y apunta a la autoayuda, la maduración, la autodirección y a una adecuada operatividad del funcionamiento psíquico. Utiliza la comunicación lingüística como eje, integrando recursos corporales e imaginarios.

El Counseling promueve la percepción de sí mismo y de la situación, posibilitando una revisión de las construcciones internas, también llamadas "mapas cognitivo-experienciales", que condicionan en cada persona su modo de ser en el mundo.

El proceso puede tener varias finalidades, como por ejemplo cuidar la salud mental, favorecer cambios y facilitar el desarrollo personal, así como también resolver conflictos y superar crisis.

El tiempo de duración del trabajo de Counseling puede programarse en etapas en los casos de prevención, cambio o resolución de problemas, y tiene la forma de un contrato que prevé habitualmente entre una y veinte consultas. En lo que implique desarrollo personal, no se hacen contratos, sino que se deja fluir libremente el proceso.

De acuerdo con diversas estadísticas, el promedio de duración de los procesos es de un año y medio a dos, considerando una frecuencia semanal.

Me parece importante aclarar que más allá de estos aspectos comunes implicados en la definición, no se puede hablar de un solo tipo de Counseling, porque hay aspectos relacionados con la naturaleza del proceso que dependen tanto de la postura ideológica del consultor como de la metodología que aplique, y también de los consultantes y de los motivos que los lleven a consultar.

Hay una pregunta que se plantea de forma recurrente:

¿Es el Counseling una psicoterapia?

Para responder esta pregunta me serviré del libro *Crear salud o curar enfermedad*, escrito en 1993 por el licenciado Andrés Sánchez Bodas y otros profesionales pioneros del Counseling en la Argentina.

El Counseling es una relación de ayuda que tiene como propósito cuidar la psiquis de quien consulta. Si bien en este aspecto es terapéutico, ya que etimológicamente "terapéutico" proviene del término griego *therapeuein*, que significa cuidar, y "psiquis" deviene del griego *psyché*, que significa "alma", en el uso común y con el encuadre legal en la Argentina, el Counseling no es una psicoterapia, ya que no trata a enfermos psíquicos.

Esto a pesar de lo que afirma Carl Rogers, para quien no deberían existir diferencias entre el Counseling y los tratamientos psicoterapéuticos, dado que ambos emplean "una serie de contactos directos con el individuo que intentan ayudarlo a modificar actitudes y conductas".

George Dietrich quiere despejar la ambigüedad de límites cuando dice que, en su opinión, entre Counseling y Psicoterapia hay un continuo, pero la Psicoterapia se ocupa del tratamiento de dificultades comparativamente más graves de la personalidad, donde la mejora o curación requiere cambios significativos en la estructura básica de la persona. "El Counseling, en cambio, no pretende esta tarea, sino facilitar un cambio en diálogos consigo mismo y el entorno y el aprendizaje de modelos para resolver problemas presentes y prevenir futuros, siendo su preocupación básica la reorientación ante las crisis", escribe Dietrich.

Expresa el licenciado Sánchez Bodas al respecto: "El Counseling es una subdivisión de la Ciencia Psicológica, y una especialidad en sí misma con parámetros que la delimitan, tanto de la Educación como de la Psicoterapia. Pero también tiene aspectos de confluencia que pueden suscitar algún tipo de confusión (…) Un lector atento podrá decir que esto no es un problema exclusivo, sino que los límites entre las ciencias y disciplinas humanas son en general bastante difíciles de establecer. En esta cornisa caminaremos, como lo hacen las distintas profesiones sociales".

En este punto, deseo destacar que hoy en día los límites están en permanente revisión para responder a la flexibilidad que requiere acompañar los tiempos de cambio, y la necesidad del agregado de valor que permite el estudio y la práctica profesional interdisciplinaria.

Sobre el origen

El Counseling es una disciplina que surge a principios del siglo XX en el campo educativo, como un proceso de ayuda para la reinserción y la orientación laboral.

El primer enfoque profesional relacionado con la actividad se da en Nueva York, en 1916, donde Anna Reed y Eli Weaver establecieron servicios de orientación basados en conceptos propios del Darwinismo Social, que postula que los grupos más fuertes de una sociedad son aquellos que mejor se adaptan a ella.

"La asistencia prestada en aquel momento se basaba en la conveniencia de que los asesorados copiaran las conductas de aquellos hombres que la sociedad reconocía como modelos y prototipos de exitosos. Equiparaba moralidad con ideales empresariales, y destacaba la importancia de que toda acción tomada en cuestiones sociales respondiera a una investigación socioeconómica cuyos resultados fueran aceptados por el mundo de la empresa", explica Martha van Rafelghem en su capítulo incluido en el libro de Sánchez Bodas (1993).

Eli Weaver creía en la necesidad de un trabajo de asesoramiento para facilitar que la "máquina social funcionara de manera aceitada", y creía, también, que esta correcta orientación era importante para todo aquel que quisiera entrar en el mundo del trabajo, porque ayudaba a descubrir habilidades y a usarlas en propio beneficio en empleos adecuados.

Si atendemos a la historia de la Consejería, podemos observar que la empresa, el trabajo, el despliegue de capacidades y el chequeo de resultados estuvieron presentes ya en los primeros programas ofrecidos.

En la década de 1910, en Nueva York, casi todas las escuelas contaban con una comisión de docentes que hacían con sus alumnos un trabajo emparentado con lo que hoy es el Counseling, para ayudarlos a que pudieran superar debilidades, desarrollar fortalezas e incorporarse con éxito al universo de la producción.

En correspondencia con esta búsqueda de modelos de excelencia en Consejería, aparece durante la segunda década del siglo pasado un *best seller* que ha sido y todavía sigue siendo un manual de gestión de resultados exitosos.

Me refiero al texto de Napoleón Hill titulado *Think and Grow Rich* (*Piense y hágase rico*, en español).

El libro fue escrito sobre la base de un encargo del gran filántropo y empresario Andrew Carnegie, pionero de la United States Steel, primera fuente generadora de acero en Estados Unidos.

Carnegie ostentaba un enorme éxito empresarial, y quería crear un manual de gestión exitosa, para que todo aquel que deseara optimizar sus resultados contara con una teoría validada por la práctica, que a la vez fuera buena guía para modelar ejemplos.

Partiendo de la observación del trabajo de hombres como Edison, Ford y Roosevelt, y de diálogos con ellos, Napoleón Hill extrajo lecciones extraordinarias, cuyos resultados fueron mayores que la suma de los logros de sus entrevistados; y volcó el material en un manual considerado de capacitación, Counseling, Coaching y autoayuda, que, subrayo, todavía está vigente.

En el año 1929, durante la Gran Depresión, que significó la pérdida del empleo para millones de personas, el gobierno estadounidense promovió, a través del Counseling, un programa de gestión de procesos para la reubicación laboral; y en 1946 destinó fondos significativos para el entrenamiento de asesores.

Esa incumbencia gubernamental norteamericana en el desarrollo del Counseling reflejó la preocupación de la sociedad por el mejoramiento de las personas, su adecuación al trabajo y el propósito de que la industria, la empresa y el ejército pudieran alcanzar mejores resultados.

Influencia de las corrientes psicológicas

A comienzos del siglo pasado nace, gracias a los aportes de Sigmund Freud, la Psicoterapia moderna. En un primer momento, las ideas de Freud tuvieron una influencia limitada en la Consejería, dado que los asesores recibían escasa formación en Psicología.

En las primeras etapas, la Psicología Clínica se basaba en los tests psicométricos, por un lado, y en el Psicoanálisis freudiano, por otro. Fue recién durante la década de 1930 cuando se mostró interés en la Psicoterapia.

Carl Rogers, psicólogo norteamericano de la Corriente Humanística, con su libro *Counseling y Psicoterapia*, publicado en 1942, marcó el punto de partida de la Psicología hacia la Psicoterapia. Rogers, en correspondencia con su mirada humanista, partió de la hipótesis de que el hombre posee en sí mismo recursos potenciales para su propia comprensión, para cambiar su concepto y percepción, sus actitudes, para dirigir su conducta y tomar sus propias decisiones, y fue el primero en afirmar que estos recursos pueden ser liberados con un determinado clima pródigo en actitudes facilitadoras. No creyó en la necesidad de hacer un diagnóstico sobre los problemas o las personas, ni de dirigirlos. Por eso, su manera de hacer Counseling se llamó "no directiva", y dio origen a la actividad como la entendemos hoy, es decir, como un servicio de ayuda para asistir en el sufrimiento cotidiano, facilitar la adaptación a los requerimientos del medio y promover una vida mejor. Objetivos que, cabe destacar, comparte con el Coaching, que también adoptó distinciones aportadas por Rogers.

Acerca de la formación y el ejercicio profesional en la Argentina

En nuestro país, el Counseling fue introducido como carrera y profesión en 1986. En 1992, el Ministerio de Cultura y Educación de la Nación oficializó la carrera de Counseling (Formación de Consultores Psicológicos) por Resolución Ministerial N° 998/92. En 1998, culminó el proceso experimental y se declaró carrera oficial definitiva, por RSE N° 212/98.

Las formaciones oficiales son las que cumplen con los requisitos establecidos por la resolución del Ministerio de Cultura y Educación de la Nación, que aprobó los planes de estudio de la carrera de Consultor Psicológico (Counselor) como formación superior terciaria.

El plan, con orientación humanística, tiene una duración de tres años, más uno de especialización, que puede desarrollarse en las áreas de Desarrollo Personal, Educacional o Laboral. En algunas instituciones también se incluyen las especializaciones Pastoral y Psicocorporal.

La disciplina integra, de manera científica y creativa, conocimientos del campo de la Educación, la Sociología, el Trabajo Social, la Psicología Humanística, la Filosofía y la Antropología.

Metodología del Counseling

Dado que la profesión es un derivado de la Psicoterapia (tomando como campo el de las personas normales en crisis), la mayoría de los instrumentos que utiliza provienen de esa fuente y están adecuados en su aplicación a las necesidades particulares del consultor.

En el ámbito del Enfoque Centrado en la Persona, el recurso básico es el marco actitudinal, basado en las tres condiciones que Carl Rogers mencionó como necesarias y suficientes: la empatía, la congruencia y la aceptación incondicional.

El modo de trabajo tiene como primer objetivo alcanzar una empatía vincular con el consultante, una relación de confianza que permita crear un "nosotros", de acercamiento cálido, comprometido emocionalmente, de escucha atenta y despojada de prejuicios, no directiva ni evaluativa, ofreciendo la mayor cantidad de recursos de que se disponga y, fundamentalmente, demostrando una actitud de servicio.

Recursos técnicos que se implementan en el enfoque rogeriano

Recursos verbales

El silencio empático

Apunta a la confirmación de lo expresado por el consultante. Cuando es bien empleado, activa la entrevista y da tiempo a la expresión emocional, regulando la velocidad y brindando permiso y tiempo para la reflexión y el "darse cuenta".

La respuesta reflejo

"Este recurso de abordaje emerge desde la filosofía humanística de trabajo y en síntesis es una respuesta basada en la empatía que intenta resumir, parafrasear, acentuar lo que el consultante expresa en forma manifiesta o implícita. Tiene como objetivo, en principio, hacer saber al cliente que se lo escucha, se lo acompaña y se lo comprende, y en segunda instancia (la más importante) ayudarlo a *re-percibirse* y revisar su mundo de vivencias y significados", explica Andrés Sánchez Bodas.

El reflejo, para ser efectivo, debe ser una resultante del clima del encuentro, a partir de las bases actitudinales mencionadas. De otro modo, este recurso se convierte en una técnica fría y repetitiva que no facilita cambios.

Aunque esta metodología amerite una explicación más exhaustiva, resumiendo, podemos decir que se utilizan tres tipos de reflejos:

- El llamado "reflejo simple" hace referencia al contenido manifiesto del discurso del consultante y es una respuesta breve, que resume, parafraseando, un elemento importante de lo dicho por él. Por eso también se lo llama "reiteración" o "reformulación".
- El que se conoce como "reflejo de sentimiento" implica un intento de acercamiento a lo que el consultante siente o está experimentando. Su propósito es remarcar y dilucidar el sentimiento o la emoción implícita o explícita en la comunicación. Lleva al consultante a un "darse cuenta" de la importancia de lo que siente y de cómo esto condiciona y es causa y consecuencia de su conflicto. Es el recurso más estrictamente rogeriano, porque apunta al nudo emocional.
- El denominado "reflejo elucidatorio" (recordemos que "elucidar" significa poner en claro o deducir) es un recurso más intelectual que los ya mencionados y se asemeja bastante a una interpretación, por lo que Carl Rogers aconsejaba que su utilización fuera comparativamente menor que la de los anteriores. Es una respuesta menos aséptica, donde se introducen observaciones por parte del consultor. Es, por otra parte, una acción que tiende a unir elementos de varias entrevistas y de la historia relatada, con el objetivo de "atar cabos", permitiendo una integración del proceso.

Las preguntas y las intervenciones directas también pueden formar parte de los recursos utilizados, siempre preservando el clima de intimidad que se procura alcanzar y un tono que cuide la relación de confianza, por sobre todo.

Por último, el Counseling también aplica, como modo de abordaje, recursos integrativos complementarios tales como el *Psicodrama* de Jacob Moreno, la "silla vacía" de Fritz Perls, el "sueño despierto" de Robert Desoille, así como la

Programación Neurolingüística, el Focusing, y técnicas psi-cocorporales.

Al lector interesado en profundizar sobre este tema le sugiero la lectura del libro *Crear salud o curar enfermedad,* de Andrés Sánchez Bodas, que utilicé como fuente.

Mi acercamiento al Counseling

El Counseling llegó a mi vida en un momento de quiebre, cuando el camino laboral y académico que estaba transitando no tenía la proyección de plenitud que yo buscaba.

Venía de estudiar Derecho, de formarme en Mediación y en Comunicación, y con esa base de conocimientos me dedicaba a la docencia, en la carrera de posgrado de Asesor Comunicacional de la Universidad de Belgrano.

Así fue como, buscando nuevos recursos para mejorar mi desempeño docente, transité una formación en dinámicas gestálticas para trabajos grupales. Poco después, durante una de mis clases en el posgrado, un alumno destacó lo positivo de la aplicación de mis nuevas herramientas, que habían significado para él la obtención de buenos resultados, tanto en su crecimiento personal como en su terapia. Recuerdo claramente mis sensaciones al escuchar ese comentario. Sentí alegría primero, y después temor, y también cierto enojo conmigo misma, al cuestionar mi competencia para generar transformaciones que eran propias de procesos psicoterapéuticos conducidos por profesionales preparados para alcanzar esos fines.

La experiencia me llevó a hacer algo que sigo realizando hoy: salir a buscar más conocimiento. Muchas preguntas surgieron en mí. ¿Dónde buscar? ¿Cuál era el camino? ¿Qué debía estudiar? ¿En qué quería trabajar? ¿En curar enfermedades? ¿En promover salud? Fiel a un hábito que aún conservo, fui a encontrar respuestas en una librería.

Recorrí las góndolas examinando textos sobre Psicología, Sociología, Antropología, Empresa, Comunicación… y cuando me ganaba la desorientación, vi en un exhibidor de novedades un libro que llevaba por título *Crear salud o curar enfermedad.*

Leí esa obra con avidez, y pocos días después de aquel hallazgo en la librería ya tenía concertada una entrevista con su autor principal, el licenciado Andrés Sánchez Bodas, que cuando nos encontramos, me explicó que el Counseling es un proceso de aprendizaje, y que ser counselor es ser facilitador de una vida mejor. Me contó, también, que durante ese aprendizaje de recursos, destinados a ayudar a otros, los alumnos logran una transformación personal, de crecimiento significativo. Escuché con gran interés su explicación sobre las actitudes básicas que promueve el Counseling, comprendí que la consideración positiva incondicional, la congruencia y la empatía eran ejes del programa de la carrera, y que en cada materia había herramientas que se incorporaban, se desarrollaban y se internalizaban hasta convertir a cada counselor en alguien con un nuevo modo de ser en el mundo, que iba mucho más allá del trabajo de consultoría.

Así comencé mi carrera. Fue un tiempo de mucho aprendizaje cognitivo, pero por sobre todo vivencial, cargado de una amorosa contención brindada en un marco de respetuosa relación con cada uno de los directores, los docentes, los coordinadores y mis compañeros de estudio.

Fue ese, para mí, un momento de gran transformación y crecimiento.

Mi encuentro con el Coaching

Finalizando mis estudios de Counseling, en 1997, me hice cargo de la cátedra de Consultoría Laboral.

En aquel tiempo, mis conocimientos sobre la temática laboral tenían como fuente el material que proponía el programa de enseñanza, y también la observación de las dinámicas, los conflictos y las relaciones empresariales a las que tenía acceso en el espacio y el tiempo compartido con profesionales del estudio contable donde tenía mi consultorio.

Si bien solía asistir a desayunos de trabajo empresariales, donde me nutría de inquietudes, problemas, soluciones y herramientas, necesitaba más recursos para desplegarme en ese ámbito. Investigando encontré poco sobre Counseling laboral, y mucho sobre Coaching en empresas.

Dentro de ese marco, llamó mi atención un libro que comenzaba a difundirse en la Argentina, *La quinta disciplina*, cuyo autor, Peter Senge, venía al país para dictar un seminario de presentación, al que asistí.

Al llegar, me sentí extraña frente a las credenciales que tenían los otros asistentes. Muchos de ellos ocupaban importantes posiciones ejecutivas en destacadas empresas multinacionales. En un primer momento, dudé de que ese fuera un espacio apropiado para mí, ya que mi formación y mi experiencia vinculadas al tema estaban basadas en la Psicología Humanística. Me pregunté cuánto de Psicología habría en ese espacio, cuán humanístico podría ser un encuentro en el que las conversaciones giraban en torno a estrategias ejecutivas, objetivos, resultados, mediciones y desempeños.

La situación me llevó a establecer un acuerdo conmigo. Me quedaría lo suficiente como para evaluar si esa capacitación y su enfoque se alineaban con mi modo de ser personal y laboral.

No me llevó mucho tiempo comprobar que sí. Deben de haber sido cinco minutos. Tal vez menos. Recuerdo vívidamente que el orador, luego de un breve saludo de bienvenida, dijo: "En las tribus del norte de Sudáfrica, los nativos se saludan diciendo '*Sawubona*', que significa te veo, te reconozco, eres importante para mí, y '*Sikhona*': porque me ves y me reconoces, yo existo". A continuación, enmarcado por el respetuoso silencio del auditorio, agregó: "Este es el concepto fundamental de nuestra tarea como consultores, en la vida en general y en la empresa en particular: hacer que las personas recuperen, con nuestra escucha y nuestra considerada y respetuosa mirada, la identidad perdida en la vorágine cotidiana".

Sobra decir que después de escuchar estas palabras me quedé en el seminario, porque, si esto era el Coaching, se trataba de una buena orientación a seguir en el camino de mi vida, ya que exactamente lo mismo que fue dicho sobre la filosofía de la consultoría desde el Coaching se podía aplicar al Counseling.

Ese fue mi primer momento de integración, que más que a un análisis intelectual se debió a una comprensión emocional.

Sobre la posibilidad de integrar

Desde mi experiencia, para integrar es necesario comprender la esencia de las metodologías y la filosofía en la que se basan. Los caminos de integración de herramientas tienen que tener una base sólida, un punto de partida que requiere información sobre los recursos a integrar.

Si nos enfocamos en la Mecánica, vemos que para unir dos piezas diferentes primero hay que observarlas, conocerlas, y después probar varias posiciones hasta que encajen, si es posible, en función del objetivo de la totalidad pensada.

El encaje es una unión que hace posible un mejor resultado.

En ese caso, las partes integradas hacen un todo nuevo, diferente de lo que representaba cada una de ellas en forma individual.

Me valgo de otra metáfora. En Física, unir dos elementos distintos para lograr un resultado de encaje efectivo depende, en gran medida, de quien lo hace.

Para conectar hay que saber sobre los elementos
que vamos a vincular.

Las leyes de unión de conceptos y disciplinas psicológicas no difieren tanto de lo que sucede en Mecánica y en Física. El punto inicial tiene que ser una información básica objetiva y un conocimiento de la funcionalidad de los recursos individuales. Partiendo de allí, luego hay que buscar un formato que permita crear herramientas que mejoren los resultados obtenidos con los elementos dispersos. Me refiero a un espacio de libertad y de creatividad que, sustentado en el compromiso, el respeto y el cuidado, puede ser muy productivo y, por sobre todo, fascinante, gracias al abanico de posibilidades que ofrece.

En mis experiencias de capacitar en Coaching a profesionales de Counseling encuentro entusiasmo y también frenos, que son las dudas que confrontan con las intenciones de aprendizaje. Por eso, para comenzar, siempre tomo las objeciones, y a partir de ellas transito –y hago transitar a quienes me acompañan– por el camino que conduce a la integración. Estoy convencida de que si no procediera de este modo, el impulso del entusiasmo inicial sería contrarrestado por las dudas que aparecen y generan una fuerza isométrica que dificulta el desplazamiento.

Para transformar esas energías contrapuestas, propongo identificarlas y aceptarlas, y esto me permite encarar después un estudio sobre principios y fundamentos del Coaching y del Counseling, bajo la idea rectora de dar buen sustento a la posibilidad de integración.

Atenta a los temores y la confusión inicial que la integración trae consigo, suelo decirles a mis colegas profesionales de Counseling:

Un counselor con las aptitudes básicas desarrolladas
puede incorporar a su gestión técnicas de Coaching sin perderse
en el intento.

Un primer paso hacia la integración

Desde una perspectiva visual e imaginaria, buscando coincidencias y diferencias pensé en la primera letra de los términos Counseling y Coaching.

Son dos letras C, que si fueran ubicadas una junto a la otra en el mismo sentido darían una figura como esta:

CC

Y si fueran ubicadas de modo tal que la segunda quedara al revés, podrían dar otra figura, como esta:

CⱭ

Siguiendo con el juego que nos permite la gráfica, podemos unir las dos partes de la segunda figura y obtener un círculo perfecto.

O

La idea que subyace en esta demostración es que:

Respetando las diferencias, podemos unir los opuestos
de tal manera que conformen un todo diferente con un sentido
de utilidad común.

Me he dado cuenta, con el transcurso del tiempo, de que ambas profesiones están expandiendo su campo de aplicación. Los límites de gestión, desde mi punto de vista, están hoy definidos por la formación de base del consultor o del coach, y por su modo particular de intervención en correspondencia con su trayectoria académica y su experiencia. Me refiero a que no es igual la intervención de Coaching que hace un psicólogo que la que hace un counselor, un abogado, un médico, un administrativo, un empresario, un humanista, un técnico o un docente, ya que cada uno trae a la práctica competencias vinculadas a su desempeño profesional anterior. Teniendo en cuenta esto, constituye un gran ejercicio de responsabilidad decidir hasta dónde podemos intervenir y cuándo hay que hacer la derivación correspondiente, o definir la búsqueda de un equipo de trabajo donde impere la diversidad que nos permita lograr los resultados deseados por nuestros consultantes.

Es este un gran desafío de ética profesional que debemos encarar, atentos a los cambios de estrategias, de contenidos y de necesidades, y a las actualizaciones que nos demandan los requerimientos cotidianos.

Para cumplir con este requisito fundamental, sugiero la constante capacitación, la supervisión y el mentoring con profesionales de experiencia. Esta es la manera de continuar por el camino profesional con seguridad y tranquilidad: hacer los cambios que sean necesarios, y por sobre todo, mantenernos dentro de los límites de nuestras posibilidades, fieles al compromiso de dar lo mejor que tenemos, sin excedernos ni aventurarnos en zonas desconocidas, para que nuestros consultantes puedan tener un retorno efectivo de crecimiento y bienestar frente a la inversión de tiempo y de confianza que hacen en nuestros servicios y en nuestra persona.

Consideraciones finales

Me gusta recordar siempre que:

El Coaching y el Counseling son arte y ciencia.

Tienen de científico pautas, leyes y técnicas que les son propias, y tienen de artístico la impronta personal que define el proceso.

Los counselors y los coaches brindamos un servicio. La premisa, entonces, es que sirva. Cuando se ofrece un producto, este no cambia según las manos de quien lo ofrece; pero cuando de servicio se trata, somos nosotros, nuestras manos, nuestro modo de ser personal y profesional los que le dan sentido de utilidad a los recursos.

De manera permanente debemos hacernos una pregunta: ¿qué recursos nos son de utilidad? Y no tengo dudas de que tenemos que respondernos que son aquellos que se alinean con nuestra personalidad, y que nos permiten ser auténticamente más efectivos en la ayuda profesional.

Un principio en común: la mejora continua

Como profesionales del Counseling y del Coaching somos facilitadores de vida y optimizamos los recursos del consultante, ayudándolo a que los descubra, los desarrolle y los despliegue. Damos buen servicio cuando al otro le sirve nuestra ayuda. Trabajamos con recursos propios para el despliegue de los recursos de otros. Por eso, cabe preguntarnos en todo momento cómo estamos con nuestros propios recursos.

Tenemos un compromiso: facilitar el crecimiento. Pero ¿estamos creciendo nosotros? Hay que predicar con el ejemplo, desde la congruencia de trabajar la mejora continua en nuestra carrera profesional. Por lo tanto, investigar el gran campo de recursos disponibles es, desde mi punto de vista, fundamental.

Cada profesional incorpora aquellas herramientas que le permiten ser más efectivo. Así como en Física y Mecánica hay una relación antropométrica, también en consultoría hay una relación entre el formato de la herramienta y la mano de quien la usa. Suelo apreciar todas las técnicas y nadar en sus ríos de información, pero solo buceo en lo profundo de aquellas que siento que están en línea con mi forma de ser profesional.

Ejercer una relación de ayuda profesional requiere de un compromiso personal de inversión en capacitación, cuidado y crecimiento continuo, porque para ayudar a otro se necesita tener una buena relación de ayuda con uno mismo. Esto hace, desde mi punto de vista como counselor y como coach, a la ética de ambas disciplinas, que está vinculada íntimamente con la congruencia fundamental de nuestra gestión, ya que nadie puede dar lo que no tiene.

Tanto el counselor como el coach deben ser referentes, no de perfección, pero sí de esfuerzo permanente por ser cada día mejores, trasmitiendo que viven de acuerdo con lo que predican.

La relación de ayuda profesional óptima solo es creada por un individuo que trabaja en su propia madurez psicológica. Este puede resultar un pensamiento inquietante por el compromiso que genera, pero es también alentador, porque supone una ocupación fascinante para el resto de la vida: la de acrecentar y actualizar las potencialidades que cada uno tiene, con perseverancia y permanente constancia.

Bibliografía

Koffman, F.: *Metamanagement - La nueva con-ciencia de los negocios*, Grito Sagrado Editorial, Buenos Aires, 2008.

Mudarep, L.: *Coaching para la transformación personal*, Ediciones Granica, Buenos Aires, 2009.

Rogers, C.: *El proceso de convertirse en persona*, Paidós, Buenos Aires, 1975.

Sánchez Bodas, A. y otros autores: *Crear salud o curar enfermedad*, Editorial Holos, Industria Gráfica del Libro, Buenos Aires, 1993.

COACHING Y PSIQUIATRÍA

ESTEBAN NEGRONI

Introducción

Con el objetivo de orientar la lectura de este capítulo, comentaré brevemente sus secciones. En los dos primeros apartados describiré las motivaciones que marcaron el camino que recorrí desde la Psiquiatría hacia el Coaching, y aprovecharé esa descripción para destacar algunas características que, según mi visión, son esenciales en la que hoy es mi principal actividad. En los textos siguientes me enfocaré en detallar los límites del ejercicio de una y de otra profesión, y el manejo de situaciones difíciles que pueden surgir durante la práctica del coach.

De la Psiquiatría al Coaching y más allá

Relataré a continuación cómo fue mi recorrido profesional y los motivos que fundamentaron mis decisiones en este tan artesanal camino. Hago esto porque mis motivaciones están íntimamente relacionadas con características fundamentales del Coaching.

Mi padre es médico, mi abuelo fue médico, mi bisabuelo fue médico y mi tatarabuelo también fue médico… Y este dato es relevante para la historia que sigue.

Cuando a la edad de diecisiete años me vi frente a la decisión de elegir una carrera, lo único que sabía era que quería ayudar a las personas a estar mejor, en el marco de una relación de contacto directo con ellas; y, ¿cuál era la manera de hacer eso en mi hogar? Así es, estimado lector, adivinó: siendo médico.

Desde chico acompañé a mi padre al hospital y a menudo me tocaba presenciar cómo los pacientes le agradecían con abrazos, con besos, con un cordero o con lo que fuese. Hasta llegué a escuchar que un paciente le decía a mi padre: "Usted es un dios, doctor". Seguramente por eso, al terminar la escuela secundaria empecé mi camino de estudiante de Medicina, una de las profesiones más nobles que puedan existir. Sin embargo, al poco tiempo, durante el primer año de la carrera, me fui dando cuenta de que me resultaba muy técnica y muy científica.

A pesar de eso, decidí seguir adelante, ya con la intuición de que mi interés más profundo estaba relacionado con el estudio de la conducta humana, con lo humanístico. El asunto es que nuestro destino no nos deja hacernos los tontos, y es así como volví a tener una crisis similar hacia el final de la carrera. Pensé, en ese momento, en estudiar Psicología, pero como solo me faltaba un año para recibirme, decidí especializarme en Psiquiatría.

 Hice la residencia en el Hospital Italiano, y allí conocí aspectos de esta especialidad que me interesaban y otros que no. Todo lo teórico, relacionado con la conducta humana, me apasionaba. Ver la evolución de algunos pacientes me generaba alegría. Lo contrario me sucedía con lo relacionado a la medicación y a las situaciones extremas que se vivían en la sala de internación. Tampoco me agradaba la enorme responsabilidad (incluso legal) que cargan los médicos sobre sus espaldas, y esto me condujo a darme cuenta de que si bien suele haber quejas sobre su omnipotencia, ese mecanismo de defensa es la única manera que encuentran para lidiar con tan enorme compromiso.

Ya como psiquiatra, atendí pacientes hasta que el peso de lo que no me gustaba superó por lejos el de lo que disfrutaba. Así fue como, un par de años después de haber terminado mi residencia, dejé la medicina asistencial. Fue una fuerte decisión, ya que había estudiado durante diez años para dedicarme a eso.

Por suerte, todo lo que uno estudia en algún momento lo aplica. A mí me sirvió ser médico para empezar a trabajar en el área de investigación dentro de la industria farmacéutica. El problema era que allí ya no tenía contacto con los pacientes de manera directa, y así, aquella vocación de mi adolescencia no se podía ver realizada.

Sin embargo, fue en el mundo corporativo, dentro de un laboratorio multinacional, donde comencé a estar en contacto con los programas de desarrollo de Liderazgo y con el Coaching. "Destino", le dicen.

Rápidamente comencé a estudiar sobre estos temas, que me atrajeron con mucha fuerza por diferentes motivos que explicaré más adelante. Portador de una gran motivación interior, me certifiqué como Coach Profesional, primero en la Argentina y luego en la International Coach Federation.

Poco a poco, fui brindando sesiones de Coaching, aprovechando que estaba en un medio propicio para hacerlo. Algunos compañeros de la industria farmacéutica fueron mis primeros clientes, y siempre les estaré agradecido por su confianza. Después, por las sincronicidades que tiene la vida, en un curso de meditación conocí a una persona (a quien llamo "mi angelita") que es coach, y ella, muy generosamente, me contactó con una consultora internacional para la que todavía trabajo.

Como soy muy precavido, durante más de cinco años sostuve mis dos trabajos, tanto el de la industria farmacéutica como el de coach. Durante tres años no me tomé vacaciones, ya que utilizaba esos días en los que no iba al laboratorio para poder dictar programas de Coaching. Esto implicó mucho esfuerzo, pero a su vez me ayudó a que en el momento de dar el salto no sufriese penurias económicas.

Desde hace ya un tiempo, dedico el cien por ciento de mi actividad laboral y mi energía a ser coach y facilitador en programas de desarrollo de Liderazgo.

El primer motivo relacionado con mi búsqueda y mi hallazgo vocacional es que el Coaching representa una manera de ver realizado aquel deseo que me acompaña desde mi adolescencia: poder ayudar a las personas a estar mejor, en el marco de una relación de contacto directo con ellas. El segundo, es que en esta profesión encuentro aspectos valiosos que no están presentes ni en la Psiquiatría ni en las psicoterapias. Según mi visión, el punto más importante que las diferencia es el lugar de supuesto saber. Como médico psiquiatra, era yo quien determinaba lo que estaba bien o estaba mal, y daba indicaciones. Incluso cuando realizaba sesiones de psicoterapia, brindaba mis interpretaciones desde un lugar de supuesto saber. Todo en ese universo se hace desde un lugar de poder, donde el bienestar del otro depende en una importante medida del conocimiento del profesional, de lo que él haga o diga. Esa autoridad, a veces, hace sentir al médico que está en un lugar superior al del paciente, que en algún momento de confusión puede llegar a llamarlo "Dios". Ese sitio es el que en algunos casos genera la omnipotencia que mencioné más arriba. Es tal el poder que se le da al médico, que varios de los términos de nuestra profesión tienen relación con el lenguaje bélico. Sucede, por ejemplo, con "arsenal terapéutico", "células de defensa", "células enemigas", "asesinos naturales", "ganglio centinela", "guardia", "pabellón"… entre otros ejemplos que podría mencionar. Muchas de estas características que tiene el ejercicio de la Medicina son necesarias, porque lo que está en juego es la vida. Gracias a Dios hay gente que se dedica a esta noble profesión, pero claramente no es mi vocación.

En el Coaching encontré todo lo contrario, ya que el poder lo tiene el coachee, y su bienestar, en el fondo, depende absolutamente de él. Como coach, en lugar de hacer interpretaciones sobre lo que el otro dijo, practico la escucha activa y comparto lo que pude haber entendido. Es lo que se llama "compartir la escucha". Como coach, desafío las creencias limitantes con preguntas, y es el coachee el responsable de responderlas, o mejor dicho de respondérselas, y de cambiar algo… o no. En eso radica el compromiso que tienen los clientes con lo que se proponen hacer. Son ellos los que diseñan su plan de acción. Esto, por un lado, es motivante para ellos, y a su vez impide responsabilizar a otra persona en caso de que el plan no funcione. Estas dos características, indefectiblemente, generan mayor compromiso con lo que el coachee se propone.

Mediante las preguntas, el coachee toma conciencia de aspectos suyos en los que no había pensado con anterioridad. Más de una vez he tenido el privilegio de escuchar, durante una conversación de Coaching, frases como "nunca había reflexionado sobre este asunto de esta manera", "jamás en mi vida había hecho esta conexión entre estos dos temas", "lo que acabo de ver hace que me sienta como si me hubiesen corrido un velo que tuve frente a mis ojos durante cincuenta años", o "nunca había hablado de esto con nadie. Ni con mi mujer, ni con mi psicólogo. Con nadie". Frases como estas le dan sentido a mi labor diaria.

En el Coaching encontré una herramienta que ayuda a la gente a cambiar, a implementar acciones, a mirar más hacia el futuro que hacia el pasado, y a entender que cuando se mira hacia el pasado no debe ser para quedarse allí, sino para saber hacia dónde orientarnos. Como coach, acompaño. Mis coachees y yo somos pares, estamos en un mismo nivel.

Por todo esto es que el Coaching hizo posible que cumpla con mi vocación de ayudar a las personas a estar mejor en el marco de una relación de contacto directo.

Aportes de la Psiquiatría al Coaching

Como mencioné en el apartado anterior, todo lo que estudiamos y la experiencia que acumulamos tarde o temprano se aplica. Creo que mi peculiar y cambiante carrera da prueba de esto.

Por eso quiero compartir cuáles fueron los aspectos que me dejó el estudio y el ejercicio de la Psiquiatría y hoy en día me resultan útiles en el ejercicio cotidiano del Coaching.

El primer gran aprendizaje que me traje de la Psiquiatría es lo que lleva el nombre de "escucha activa". Como psiquiatra, siempre tuve que escuchar. Incluso durante las guardias, cuando un paciente llegaba a las tres de la mañana angustiado, lo primero que debía hacer era escucharlo. Esto me permitía, muchas veces, determinar qué medicación necesitaba la persona, y tantas otras ver cómo alguien se calmaba por el solo hecho de ser escuchado, sin necesidad de tomar medicamentos.

Las situaciones no se manejan de igual modo en todas las salas de Psiquiatría, por eso me toca ahora agradecer que en el lugar donde me formé nos enseñaran a escuchar antes que nada, para luego decidir si era necesario prescribir fármacos.

Por otro lado, lo que en Coaching se llama "presencia" lo traigo desde antes de ser coach; porque ya como psiquiatra aprendí a confiar en mis intuiciones y en el proceso, a trabajar con las emociones de las personas que tuve enfrente, a estar ahí, presente para el otro. Mi capacidad de "empatía", incluso, la desarrollé mientras trabajaba como psiquiatra y tenía que enfrentarme a historias difíciles de escuchar. Algo similar me ocurrió con la capacidad para preguntar y para desafiar creencias, así como también con la habilidad para compartir mi escucha y señalar contradicciones aparentes en el relato. Crear conciencia mediante mis observaciones y mis preguntas es otra cosa que también aprendí a hacer en mi profesión de origen. Y por supuesto, como profundizaré en el próximo apartado, la Psiquiatría me permitió tener bien claros los límites del Coaching; es decir, frente a qué tipo de situaciones se necesita la intervención de un profesional de la salud. Para decirlo en palabras acordes a la vocación que me acompaña desde que era un adolescente: aprendí a saber cuándo el Coaching no es una herramienta válida para ayudar a una persona.

Todas estas coincidencias, en cuanto a las competencias necesarias para ejercer una y otra profesión, hicieron que el Coaching fuese, para mí, una actividad fácil de abrazar y llevar adelante. Definitivamente, la Psiquiatría allanó mi camino para ser coach.

¿Cuándo debemos derivar al coachee a un profesional de la salud?

Una de las particularidades de nuestra profesión como coaches es que estamos envueltos en una actividad conversacional, y por lo tanto, nuestros clientes nos cuentan cosas, muchas cosas. Esto es esencial para que desempeñemos correctamente nuestro rol, pero también nos pone frente a una situación de responsabilidad ética en cuanto a la información que recibimos. Es por este motivo que una de las principales dificultades que se nos plantean es cómo manejarnos cuando la información que nos brinda el cliente nos hace dudar sobre si el Coaching es una herramienta válida para ayudarlo. Me refiero a esos momentos en los que uno, como coach, se pregunta si ante esa problemática debería intervenir un profesional de la salud. Es muy importante tener claros estos límites, por diferentes motivos. Por un lado, aquellos coaches que somos certificados por alguna asociación, por ejemplo por la International Coach Federation, nos comprometemos a respetar un código de ética que en varios de sus puntos habla de la necesidad de aclararle al cliente cuáles son los límites del Coaching, y también de la necesidad de establecer un acuerdo claro y realista. Por otro lado, conocer estos límites y cómo manejarnos frente a situaciones de emergencia nos puede evitar padecer problemas legales en algunos países.

Escribo esta sección con el fin de poner un poco de luz sobre este tipo de situaciones. Mi objetivo no es componer un tratado diagnóstico sobre enfermedades mentales o trastornos psicopatológicos, sino describir una serie de signos y síntomas clínicos con los que podemos encontrarnos en la práctica cotidiana y que nos tienen que alertar sobre la necesidad de recomendar una consulta con un profesional de la salud. No es mi intención que los lectores memoricen los datos que figuran a continuación y logren hacer un diagnóstico de lo que le puede estar pasando a su cliente, pero sí aspiro a que lo que sigue sirva como fuente de consulta cuando surjan dudas.

Para aportar más claridad sobre el tema, voy a definir algunos de los términos que acabo de utilizar.

- *Signo clínico*
  Es un elemento que se puede percibir al observar al cliente. Por ejemplo, una lastimadura cortante en una de sus muñecas, temblor en las manos, verborragia (aumento en la velocidad y en la cantidad del habla), agresividad…

- *Síntoma clínico*

  En contraposición con los signos clínicos, los síntomas son elementos subjetivos percibidos únicamente por el cliente. Por ejemplo, mayor cansancio, tristeza profunda o ideación depresiva.

- *Profesional de la salud*

  Es una persona que ejerce una profesión reglamentada por los conjuntos legales de los distintos países. A menudo, los profesionales de la salud trabajan en equipo para curar, dispensar los cuidados necesarios y tratar a los pacientes. Algunos ejemplos que resultan interesantes para este capítulo son: médico clínico, médico psiquiatra, psicólogo.

Aunque pueda parecer obvio, es importante tener en cuenta que los coaches no curamos, no diagnosticamos, no tratamos ni tampoco cuidamos. Quizás a veces desearíamos poder hacerlo, pero no podemos, ya que no conocemos las distinciones necesarias para alcanzar un diagnóstico y encarar un tratamiento cuando se trata de patologías. Este es el motivo por el que, subrayo, se hace imprescindible tener claros los límites de los que hablaré más adelante.

Más allá de esto, los coaches podemos empoderar a nuestros clientes para que se cuiden solos (a veces pueden hacerlo muy bien), y también podemos facilitar, acompañar, preguntar, empatizar, desafiar creencias, apoyar y una larga lista de etcéteras.

Lo más importante frente a determinadas situaciones es, lo remarco, tener claros nuestros límites. En caso de que una situación genere dudas, lo mejor será recomendarle al cliente la consulta con un profesional de la salud y que sea éste quien determine si es necesario algún tipo de tratamiento, así como también si es aconsejable continuar o no con las sesiones de Coaching.

Me parece importante aclarar que si bien los signos y los síntomas que describiré a continuación pueden hacer pensar, en primera instancia, que el origen del problema del cliente es mental, emocional o psicológico, no siempre resulta así. A veces, incluso, las problemáticas que se presentan tienen un origen orgánico (tumor cerebral, alteraciones metabólicas, efecto adverso de alguna medicación, etc.). Por este motivo, lo más indicado es que frente a su aparición se recomiende al cliente consultar con un médico clínico, para que sea él quien haga la derivación con el especialista correspondiente.

Con fines didácticos, agruparé los signos y los síntomas en "alta frecuencia de aparición" y "baja frecuencia de aparición", y explicaré la importancia de describir cada uno de ellos.

Alta frecuencia de aparición

Considero importante describir esta sintomatología por ser cada vez más frecuente en la población general y de fácil detección en personas con un problema de salud.

Signos y síntomas de ansiedad

- Episodios de aproximadamente 15 minutos de duración caracterizados por presentar palpitaciones, elevación de la frecuencia cardíaca, sudoración, temblores, sensación de ahogo, opresión o malestar torácico, náuseas, mareo o desmayo, miedo a morir. Estos episodios son comúnmente denominados *ataques de pánico.*
- Estado de excesiva preocupación (mayor a algunas semanas de duración) por algún tema, con marcada inquietud o impaciencia, alta fatigabilidad, dificultad para concentrarse, irritabilidad, tensión muscu-

lar, alteraciones del sueño que provocan malestar significativo al individuo.

• Pensamientos o imágenes repetitivas y persistentes que se experimentan como intrusivos e inapropiados, y que causan ansiedad o malestar significativo. La persona intenta neutralizarlos mediante otros actos (lavado de manos, puesta en orden de objetos, comprobaciones) o actos mentales (rezar, contar o repetir palabras en silencio) de carácter repetitivo, que se ve obligado a realizar en respuesta a una obsesión.

• Recuerdos o sueños recurrentes sobre un acontecimiento traumático que provocan malestar. Por momentos, es posible que el individuo actúe o tenga la sensación de que el acontecimiento traumático está ocurriendo en ese mismo instante (*flashback*).

Signos y síntomas depresivos

• Estado de ánimo depresivo sostenido durante la mayor parte del día, indicado por la persona al decir que se siente triste o vacío, o percibido a partir de la observación realizada por otros, como por ejemplo, el llanto frecuente.

• Marcada disminución, durante la mayor parte del día, del interés por realizar actividades placenteras.

• Pérdida de peso sin hacer dieta restrictiva. Pérdida del apetito.

• Alteración del sueño.

• Enlentecimiento mental y físico.

• Disminución del cuidado en el aspecto físico y falta de aseo.

• Pérdida de energía.

• Sentimientos de inutilidad o de culpa excesivos o inapropiados, distintos de los simples autorreproches.

- Disminución de la capacidad intelectual (memoria, concentración, etc.).
- Pensamientos recurrentes de muerte sin la presencia de ideación suicida, manifestados a través de frases como "me gustaría no vivir más" o "me gustaría estar muerto". Ideación suicida recurrente sin un plan específico, expresado por frases como "no aguanto más, quiero quitarme la vida", o un plan específico para suicidarse, o una tentativa de suicidio.

Casi todos estos signos y síntomas deben alertarnos. Especialmente cuando se presenten dos o más al mismo tiempo y se mantengan casi todos los días durante un período de más de dos semanas. También constituyen señales de alarma si son lo suficientemente graves como para provocar un deterioro en la vida de la persona.

Hay que prestar especial atención a los que figuran en el último punto de esta lista, que nos deben alertar desde el momento mismo en que aparecen, ya que representan una situación de emergencia. (Ver siguiente sección.)

Otros

- Dependencia/adicción a las drogas (ilegales o legales).
- Signos de autoagresión. Por ejemplo, pequeños cortes en los antebrazos o herida/s cortante/s en la muñeca.
- Cambios de ánimo repentinos, abruptos e inmotivados, pasando de la alegría a la profunda tristeza, e ideas de carácter depresivo durante el mismo día y de forma persistente a lo largo de los años.
- Alto nivel de irritabilidad a lo largo de los años.
- Pobre control de los impulsos, cualesquiera sean estos.

Baja frecuencia de aparición

Es extremadamente improbable encontrar este tipo de sintomatología en un cliente de Coaching. Además, se trata de síntomas de fácil reconocimiento. Resultan muy obvias las características que presenta el afectado. Lo más probable es que una persona que tenga alguno de estos síntomas no llegue a la consulta con un coach, ya que la problemática seguramente habrá sido detectada con anterioridad por alguien de su entorno; pero de todos modos me parece importante detallarlos, porque en caso de que un cliente los presente, la consulta con un profesional de la salud tendrá carácter de urgente.

Signos y síntomas maníacos

* Autoestima exagerada o grandiosidad expresada a través de frases como "soy el mejor, por lejos, el más grande, no hay ninguna duda de esto". Estas personas pueden, incluso, llegar a presentar delirio de grandeza. (Ver más adelante.)
* Ánimo llamativa e injustificadamente eufórico.
* Ánimo llamativa e injustificadamente irritable.
* Episodios de agresividad física (tomarse a golpes en la vía pública, golpear u arrojar objetos).
* Agitación o inquietud física y mental (no poder estar sentado o quieto, necesidad de moverse todo el tiempo).
* Sensación interna de tener el pensamiento acelerado.
* Verborragia (ser notablemente más hablador de lo habitual).
* Insomnio o disminución de la necesidad de dormir (por ejemplo, sentirse descansado tras pocas horas de sueño nocturno o sin siquiera haber dormido).

- Implicación excesiva en actividades placenteras de riesgo (hacer inversiones económicas alocadas, conducir vehículos demasiado rápido y de manera riesgosa, involucrarse en compras irrefrenables, tener conductas sexuales de alto riesgo).

Estos signos y síntomas nos deben alertar en la medida que se presenten dos o más al mismo tiempo y se mantengan casi todos los días durante un período de más de una semana, y también cuando sean lo suficientemente graves como para provocar un deterioro en la vida de quien los presenta.

Signos y síntomas psicóticos

- **Alucinaciones**
  La persona siente una percepción como real; sin embargo, es una sensación que no corresponde a ningún estímulo físico externo. Las alucinaciones pueden ser visuales, auditivas, táctiles, olfativas o gustativas, lo que equivale a decir que están vinculadas a cualquiera de los cinco sentidos. A continuación las ejemplificaré con algunas frases con las que me encontré en mi práctica como psiquiatra y que son frecuentes en este tipo de casos.

  Visuales: "Veo cucarachas/bichos/serpientes por toda la pared"; "Veo al diablo detrás suyo en este momento".

  Auditivas: "¿Escucha, doctor, los disparos que vienen de la calle?"; "Tengo una voz dentro de mi cabeza que me insulta"; "Escucho una voz desde afuera que me dice lo que estoy haciendo todo el tiempo"; "Estoy hablando con el pajarito, doctor. Usted no lo puede escuchar porque a usted le falta el transistor. Es como con las radios; si uno no tiene el transistor, no puede escuchar las ondas que le mandan los pájaros. Que usted no pueda escucharlas no significa que las ondas no estén allí, significa que usted no tiene el transistor". (Este último ejemplo marca claramente cómo las personas que pueden estar padeciendo una enfermedad mental no necesariamente pierden su inteligencia racional.)

Táctiles: "Siento que me caminan bichos por debajo de la piel. Eso hace que me rasque todo el tiempo y me lastime".

Olfativas: "En mi casa había un olor muy fuerte a orina. Me puse a quemar una goma para que se fuera el olor. Creo que el vecino de arriba es analista de orina y por eso venía el olor. Con la fuerza de la orina y del humo comenzaron a salir unas telarañas. La orina comenzó luego a filtrarse por la pared"; "Siento olor a podrido por todos lados. Incluso aquí mismo".

Gustativas: "Siento, desde hace días, un gusto horrible en la boca. Estoy seguro de que mi esposo está queriendo envenenarme de a poco".

- **Ideas delirantes**
  Son ideas firmemente sostenidas, pero con fundamentos lógicos inadecuados; y presentan la característica de no poder ser modificadas por vía de la experiencia o de la demostración de su imposibilidad. Son, además, inadecuadas para el contexto cultural del sujeto. A continuación describo las más frecuentes.

Delirio de grandeza: está presente cuando una persona, en un momento de su vida y durante al menos un mes, se ve inmersa en un delirio donde se siente alguien único y grandioso. Dentro de ese delirio, existe un corte abrupto con la realidad objetiva. El cuadro puede ser manifestado por expresiones como "no diga nada, doctor; pero los extraterrestres vienen a hablarme porque fui el elegido para poner orden en este mundo".

Delirio persecutorio: las manifestaciones que pueden escucharse de pacientes con este tipo de patología son: "Estamos en un *Gran hermano* y sé que hay cámaras que están filmando todo lo que hago" o "Sé que están disfrazados de médicos, pero en realidad son agentes de Interpol que vienen a matarme".

Qué es una situación de emergencia y cómo proceder

En principio, quiero aclarar que es altamente improbable que durante su práctica profesional un coach se encuentre con los signos y los síntomas descriptos en la sección anterior. Quizás el acontecimiento más frecuente con el que podemos encontrarnos sea el de un cliente con una crisis de llanto y con angustia, que no representa una situación de emergencia. En estos casos, la mejor manera de manejar la situación es conservar la calma y en un silencio respetuoso esperar a que el cliente se recomponga. Muchas veces, el llanto o la angustia son señales de que durante el proceso de Coaching se están trabajando temas relevantes. El tipo de acontecimiento que estoy describiendo no requiere de la consulta con un profesional de la salud. Por supuesto que si la crisis no disminuye o no cesa al cabo de unos minutos, o está acompañada de otros síntomas que figuran en el apartado anterior, el llanto puede tener otro significado.

A continuación enumeraré los signos y los síntomas que pueden considerarse referentes de situaciones de emergencia y comentaré la manera apropiada de manejarse en estos casos.

Situaciones de emergencia

- Ideación suicida sin un plan específico manifestada por frases como "no aguanto más, quiero quitarme la vida". Plan específico para suicidarse o tentativa de suicidio reciente.
- Episodio de intoxicación por sustancias, ya sean ilegales o legales.
- Cualquiera de los síntomas psicóticos descriptos en la sección anterior.
- La presencia de más de uno de los síntomas maníacos descriptos en la sección anterior.
- Pensamientos recurrentes de muerte sin la presencia de un plan de suicidio, expresados a través de frases como "me gustaría no vivir más" o "me gustaría estar muerto", sumados a la presencia de otros síntomas depresivos que describo en la sección anterior. En estos casos, la mayoría de las veces podría no tratarse de una situación de emergencia, pero siempre es mejor que sea un profesional de la salud quien lo determine.

Los coaches tenemos una responsabilidad ética frente a nuestro cliente, y –en este sentido– entre nuestras obligaciones destaca la de aconsejar los servicios de un profesional idóneo cuando estamos frente a situaciones que lo ameriten. Además, como cualquier otro ciudadano, tenemos responsabilidad penal y civil. La responsabilidad ética es la misma en cualquier lugar del mundo, pero la penal y la civil dependen de la legislación vigente y de cómo esté regulada la profesión de coach en el país donde cada uno ejerza. Mi recomendación es estar al tanto de las regulaciones.

En cuanto al manejo de situaciones de emergencia, siempre es importante mantener la tranquilidad y ser consciente de que el coach no está en ese momento y en ese lugar para ser el salvador de nadie, porque, de hecho, no fue entrenado ni capacitado para ese fin y por lo tanto nadie puede exigirle eso. Más allá de lo dicho, lo que sí se puede hacer, como coach, es colaborar para que la situación se resuelva de la mejor manera posible.

Muchas veces, el solo hecho de que una persona que se encuentra en este nivel de alteración pueda expresarle a un tercero lo que le está pasando y que éste lo escuche con calma, lo comprenda y no se aterrorice (sobre todo cuando se trata de ideas de suicidio), ya constituye un gran alivio. En general, a partir de allí se puede manejar la situación de una mejor manera. Es importante ser conscientes de que hasta el momento estas personas muy probablemente no han podido compartir la situación angustiante con nadie.

A continuación describiré algunos lineamientos generales de posibles maneras de actuar en este tipo de situaciones. Por el momento no existen protocolos globalmente aceptados al respecto, y lo que detallo más abajo tampoco pretende serlo. De hecho, como las regulaciones respecto al Coaching son diferentes en cada país, es importante priorizar lo recomendado y requerido por la regulación, los protocolos y las leyes locales por sobre lo escrito en este apartado.

Escenarios posibles

- En líneas generales, lo más importante es manejarse con sentido común e intentar facilitar la intervención de alguien que cuente con más recursos para enfrentar este tipo de situaciones: un médico o un familiar del cliente, por ejemplo.

• En caso de que alguna de estas situaciones se presente mientras el coach está en la oficina del cliente y de que haya otras personas de la empresa a disposición, la recomendación es recurrir a algún integrante del personal para que se comuniquen con el médico del cliente (si es que se encuentra bajo tratamiento) o con el sistema de emergencias médicas con el que cuente la empresa. También se podría contactar a un familiar de la persona. Si es posible, mientras se espera la llegada del médico el coach no debe quedarse solo con el cliente en su oficina. Es preferible que haya otra persona en la que el cliente confíe.

• Si el coach está solo con su cliente en el lugar de consulta, una de las acciones posibles es contactarse con un familiar que esté en condiciones de acudir y/o con el médico del cliente (si es que se encuentra bajo tratamiento).

• Si el médico del cliente no puede llegar de inmediato al lugar o si el cliente no está bajo tratamiento, otra opción podría ser convocar a un sistema de emergencias médicas, ya sea privado o público.

Es importante conversar abiertamente con el cliente sobre cada uno de los pasos detallados en este párrafo, con el fin de cumplir con las acciones pertinentes bajo su consentimiento.

Situaciones que no son de emergencia

Estas situaciones refieren a todos aquellos puntos detallados en el listado de signos y de síntomas en la sección anterior y que no se encuentran en el listado de situaciones de emergencia de esta sección.

La mejor manera de manejar estas situaciones es recomendar una consulta con un profesional de la salud (de preferencia, médico clínico). Una vez que el cliente haya realizado la consulta con el profesional de la salud correspondiente, el coach debe tomar contacto con ese profesional, con el objetivo de que sea quien determine la conveniencia de la continuidad del proceso de Coaching. En caso de que el profesional de la salud indique que el cliente puede continuar trabajando con su coach, es fundamental mantener el contacto con él, para poder notificarlo en caso de que continúe apareciendo la sintomatología, o por si surge otra situación de carácter dudoso. Es importante conversar abiertamente con el cliente sobre cada uno de los pasos detallados en este párrafo, con el fin de cumplir con las acciones pertinentes bajo su consentimiento.

Más allá de que un cliente no presente la sintomatología descripta en este apartado, es posible que aparezca algo en la relación de Coaching que le genere al coach algún tipo de malestar emocional o personal, que le haga pensar que no es la persona indicada para llevar adelante el proceso de ayuda. Cuando esto sucede, es fundamental que pueda declarar tranquila y abiertamente ese límite, y su incompetencia para trabajar con ese cliente en particular. Por supuesto, declarada esta situación, lo indicado es hacer la derivación correspondiente.

¿Se puede iniciar o continuar un proceso de Coaching con un cliente que está bajo tratamiento con un profesional de la salud mental?

Como ya expliqué, existen muchas situaciones en las que un cliente puede ser atendido por un profesional de la salud mental y a la vez avanzar en un proceso de Coaching sin que haya inconveniente alguno.

De todos modos, es importante que quien determine la conveniencia de la coexistencia de ambos procesos sea el profesional de la salud mental y no el coach. Es decir, frente a la presencia de sintomatología clínica, no es suficiente la recomendación de consulta con un profesional de la salud para poder seguir con el proceso de Coaching, sino que también es necesaria la indicación favorable de este último para continuar.

Esta sugerencia se debe, principalmente, a dos motivos. El primero es que el profesional de la salud es quien tiene la formación necesaria para determinar la gravedad de la sintomatología que presenta el cliente y si las sesiones de Coaching resultarán beneficiosas o contraproducentes. El segundo motivo es que el profesional de la salud mental puede detectar si el cliente/paciente puede estar haciendo lo que se conoce como "escisión del tratamiento".

Típicamente, la escisión del tratamiento se da cuando el cliente comienza a hablar de ciertos temas solamente en la sesión de Coaching y no los habla también en la sesión de Psicoterapia. Este es un mecanismo de defensa que puede aparecer, y tiene como resultado que no se expongan los temas en cuestión al análisis que se puede hacer solo en el ámbito de la Psicoterapia. La consecuencia de esto es que el cliente no avanza en su mejoría sintomática y tampoco avanza en sus sesiones de Coaching. Incluso puede volverse dependiente de su coach, si no se maneja la situación de manera correcta.

Una última recomendación y quizá la más relevante: es imprescindible trabajar en redes. Es aconsejable tener médicos, psiquiatras y psicólogos de confianza (o de la confianza del cliente) a los cuales recurrir en caso de presentarse alguna situación que lo amerite. Concretamente, me refiero a tener el teléfono de emergencia de estos profesionales a disposición, a fin de poder contactarlos en cualquier momento. Esto ayuda a trabajar con mayor tranquilidad.

Conclusión

Una de las competencias más importantes de un coach es lo que se denomina la "presencia". Es fundamental trabajar con tranquilidad mental. Estar seguro de lo que se está haciendo es el camino para llegar a ese estado. Mi aspiración es que los recursos descriptos en este capítulo colaboren para alcanzar la solidez profesional necesaria. Si bien describí situaciones que podrían resultar preocupantes al surgir durante una conversación de Coaching, mi anhelo es que, lejos de apartar a alguien de esta profesión, el capítulo anime a la práctica, ya que las distinciones que aporto facilitan prestar el servicio de una mejor manera; y, en cambio, no estar al tanto de esto pone al coach en una situación desventajosa.

Sumada a los elementos que contiene este capítulo, la supervisión es otra herramienta poderosa para ganar seguridad a la hora de coachear, y a su vez es una ayuda esencial para poder hacerlo con maestría.

Para finalizar, me gustaría resaltar el maravilloso poder que tiene el Coaching para ayudarnos a desafiar nuestras creencias limitantes. En mi caso esto se vio realizado cuando entendí que la Medicina no es la única herramienta válida para ayudar a las personas. Mi experiencia, entonces, me convence de que cuando uno se atreve a desafiar sus creencias limitantes se abre un mundo de posibilidades, un sinfín de caminos que pueden ir hasta el Coaching y mucho más allá…

Bibliografía

American Psychiatric Association: *Manual diagnóstico y estadístico de los trastornos mentales*, quinta edición, Editorial Médica Panamericana, 2013.

Echeverría, R.: *Ontología del lenguaje*, Ediciones Granica, Buenos Aires, 2001.

Goldvarg, D.; Perel, N.: *Competencias de Coaching aplicadas*, Ediciones Granica, Buenos Aires, 2012.

Wolk, L.: *Coaching: el arte de soplar brasas*, Gran Aldea Editores, Buenos Aires, 2003.

COACHING, GERENCIA Y RESULTADOS

DAMIÁN GOLDVARG

Las nuevas generaciones de empleados requieren que sus supervisores y sus gerentes estén preparados para ofrecerles Mentoring y Coaching. En la actualidad los jóvenes, a nivel global, esperan que sus organizaciones los entrenen y les ofrezcan oportunidades de aprendizaje y de crecimiento profesional. Hoy en día, las corporaciones que no ofrecen entrenamientos para el desarrollo de habilidades quedan fuera de la competencia. Este es el motivo por el que las compañías, aparte de desarrollar a sus empleados para que alcancen una mayor productividad y satisfacción laboral, necesitan crear culturas donde el aprendizaje y el crecimiento sean valorados y cultivados. En estas nuevas culturas organizacionales, preparadas para responder a los requerimientos actuales de los empleados, el rol de los gerentes es clave, ya que no solo actúan como modelos a seguir, sino que también son quienes definen el clima laboral.

La palabra "coach", que se viene utilizando en el ámbito de los negocios desde hace más de veinte años, se tomó prestada del mundo del deporte, pero proviene originariamente de una palabra húngara que significa *carruaje*. Quien preste atención verá que "coach" también se utiliza en vagones de trenes y en la sección turista de los aviones. Esta asociación resulta efectiva, porque el coach acompaña a la persona a ir desde un lugar a otro. Así lo sostiene la Federación Internacional de Coaching (ICF), que define a la actividad como "una asociación en un proceso creativo e inspirador para maximizar el potencial personal o profesional".

En esta definición, la palabra "potencial" es clave, ya que el gerente que exhibe habilidades de Coaching presta atención a las fortalezas y las debilidades tanto suyas como de sus colaboradores, y al mismo tiempo desarrolla planes cuyos objetivos le permitan aprovechar las fortalezas de manera creativa y crear oportunidades de mejora en las áreas débiles.

La última investigación sobre culturas organizacionales realizada por la ICF, en 2014, comprobó que las organizaciones con una fuerte cultura de Coaching trabajan con coaches internos y externos, y entrenan a sus gerentes para que adquieran habilidades de Coaching. Estas organizaciones obtienen de sus empleados un mayor grado de involucramiento, que se traduce en resultados económicos superiores a los que obtienen sus competidores que no facilitan este tipo de cultura. Promover que los gerentes desarrollen habilidades de Coaching suele resultar en ganancias importantes para la organización, además de tener un efecto multiplicador, ya que estos líderes entrenados desarrollan a sus empleados efectivamente. Está demostrado que los gerentes que ofrecen Coaching a sus empleados obtienen equipos más comprometidos, y que se convierten en imanes para los recursos humanos talentosos, que indefectiblemente buscan trabajar cerca de quien les ofrezca oportunidades de crecimiento.

En los entrenamientos para gerentes que vengo ofreciendo junto a mi equipo de colaboradores desde hace ya quince años, en más de treinta países, el foco está puesto en:

- Facilitar el autoconocimiento de los participantes.
- Detectar la capacidad que tengan para reconocer sus fortalezas y sus áreas de oportunidad de mejora.

- Desarrollar habilidades necesarias para generar confianza.
- Mantener un máximo de presencia.
- Escuchar activamente.
- Preguntar de manera poderosa.
- Crear conciencia.
- Diseñar acciones.
- Gestionar la responsabilidad necesaria para implementar lo acordado.

Estas habilidades están alineadas con el modelo de competencias clave que la ICF utiliza como parámetro para evaluar el desempeño de los coaches que avala a nivel global.

Considero que en todo proceso de desarrollo gerencial, ya sea al principio de un entrenamiento o de un proceso de Coaching, dedicarle tiempo al autoconocimiento es importante, porque permite decidir dónde enfocar la atención, tanto para aprovechar las fortalezas como para trabajar áreas de mejora. Resulta también fundamental que el gerente tome conciencia de cómo es percibido por sus colaboradores. Esto lo conduce a trabajar más efectivamente con ellos, al explorar posibles áreas "ciegas" que no le permiten reconocer el impacto de sus comportamientos sobre la gente que trabaja con él.

Es común que programas de desarrollo gerencial incluyan evaluaciones de 360 grados, para que los gerentes conozcan las percepciones que sus jefes, pares y subordinados tienen acerca de ellos. Esta información se aplicará a su plan de crecimiento profesional. Gracias a estas encuestas, algunos gerentes se dan cuenta de que no tienen las habilidades necesarias para favorecer el desarrollo de sus equipos de colaboradores, y deciden, en consecuencia, enfocarse en acrecentar sus habilidades de Coaching.

El trabajo de coach, como venimos viendo, es, hoy en día, uno de los roles más importantes del gerente efectivo.

Sin embargo, a veces llegan a la gerencia personas elegidas por sus capacidades técnicas, pero que no tienen desarrolladas habilidades específicas de Coaching, por falta de entrenamiento. Hay, además, culturas organizacionales que no valoran el crecimiento de sus empleados, y esto hace que los gerentes comprometidos con el desarrollo de sus colaboradores enfrenten desafíos adicionales, por no recibir apoyo del sistema del que forman parte. En estas situaciones, muchas veces los gerentes que responden a los nuevos requerimientos del mundo corporativo incluyen, dentro de sus responsabilidades, la de crear conciencia en la organización sobre la importancia de la inversión en Coaching, y también inspiran a sus colegas para que se sumen a sus iniciativas.

El gerente que brinda Coaching necesita desarrollar las habilidades necesarias para crear una relación de confianza con sus empleados, ya que este contexto hace que quieran aprender de él y no solamente obedecer órdenes apoyadas en su autoridad. Muchas veces, se da por sentado que existe esta confianza indispensable, pero puede no ser así. Por eso es que cada gerente necesita mirarse al espejo y hacer un autoexamen que le permita identificar el nivel de confianza que despierta en sus colaboradores. Cuando el nivel de confianza generada es bajo, muy probablemente quien adolece de esta cualidad tampoco confíe en sus colaboradores y jefes.

Para desarrollar la confianza es necesario demostrar integridad, es decir, consistencia entre lo que se dice y lo que se hace. También es necesario ser escrupuloso en el cumplimiento de las promesas y el reconocimiento de los errores. Hay que demostrar genuino interés por los empleados, verlos no como "objetos" que producen resultados para la organización, sino como seres humanos con necesidades e inquietudes únicas.

La confianza es un pilar fundamental sobre el que se asienta la relación, y no hay Coaching posible si el gerente no siente y demuestra interés genuino por su gente, respeto y compromiso a la hora de colaborar con cada uno de los integrantes de su equipo.

El gerente, como coach, también necesita demostrar que está "presente" frente a sus empleados durante las conversaciones de Coaching, que requieren una fuerte conexión dada a través de un estado de atención que no admite distracciones. Son instancias en las que es indispensable que el gerente/coach deje a un costado sus propias inquietudes para concentrarse en los integrantes de su equipo.

Hoy en día vivimos haciendo muchas cosas a la vez. Por ejemplo, hablamos por teléfono y al mismo tiempo chequeamos los correos electrónicos que recibimos. Al hacer esto, no hay manera de concentrarse efectivamente en ninguna de las dos cosas. Este tipo de actitud es la contraria a la que debe demostrar el gerente cuando está dando Coaching a su gente; porque si no está enfocado o "presente", el mensaje que está transmitiendo, sin que sea su intención, es que el personal a su cargo no es importante. No tengo dudas de que la calidad de nuestras relaciones y de nuestra vida está determinada por la cantidad de "presencia" que depositamos en nuestras interacciones. Por lo tanto, la capacidad para estar "presente" y conectado es una de las más importantes del gerente/coach.

Un gerente que da Coaching a sus colaboradores, si busca ser efectivo, también necesita tener habilidades para escuchar y demostrar entendimiento. Esto equivale a decir que tiene que preocuparse por ser entendido y asegurarse de que comprende lo que le dicen sus colaboradores, y para confirmar su entendimiento tiene que parafrasear, hacer preguntas y sintetizar lo que escucha. Durante los programas de formación que facilitamos para entrenar gerentes en habilidades de Coaching, nos gusta recalcar que los empleados no tienen una "bola de cristal" que les permita leer la mente de sus jefes, y que no se puede dar nada por obvio. En la medida en que se clarifican las expectativas y las intenciones, se facilita la comunicación y mejoran las relaciones interpersonales.

Dado que "uno dice lo que dice y los otros escuchan lo que escuchan" –como bien afirma Humberto Maturana–, la única manera de saber lo que los colaboradores toman de una conversación de Coaching es preguntar qué han interpretado de lo que se les dijo o cuáles son las conclusiones que sacaron. Esto es importante, ya que muchos conflictos organizacionales surgen como resultado de malentendidos que tienen que ver con no dedicarle el tiempo necesario a clarificar expectativas y acuerdos. Enfatizo que en la medida en que el gerente verbalice su interpretación frente a sus colaboradores, disminuyen los posibles malentendidos que suelen darse por falta de información. Con respecto a esto, me atrevo a enunciar una fórmula: cuanta mayor atención se preste a la comunicación, más probabilidades existen de desarrollar organizaciones saludables. No puedo dejar de subrayar que la escucha activa y la claridad al expresar intenciones, ideas y objetivos son habilidades clave para dar Coaching y para entablar relaciones con colaboradores de los que se espera compromiso y colaboración.

Un gerente que da Coaching desafía a sus colaboradores a que tengan objetivos que los saquen de sus áreas de confort. De esta manera, crecen y experimentan nuevas vivencias y, como resultado, el gerente obtiene inevitablemente un alto grado de efectividad, mayor satisfacción y lealtad para con la organización.

En la empresa moderna, un gerente efectivo necesita ser consciente de sus fortalezas y debilidades como coach. Para lograrlo, debe trabajar con su propio coach en estrategias de desarrollo de esta faceta. El primer paso de este camino consiste en tener claro su autoanálisis y el resultado de las evaluaciones recibidas, crear un plan personalizado de crecimiento y, finalmente, encontrar un coach interno (el propio jefe, por ejemplo) o externo a la organización, para que lo asista a la hora de dar seguimiento en la implementación de su programa de mejora.

Me parece importante aclarar que el gerente no tiene que dar Coaching todo el tiempo, sino identificar los momentos apropiados para hacerlo. Por ejemplo, ante emergencias o problemas que requieran soluciones rápidas, necesita definir los comportamientos que espera de sus colaboradores en vez de poner el foco en su desarrollo.

Mi experiencia profesional me indica que muchos gerentes pierden oportunidades de dar Coaching a sus colaboradores, y que esto no sucede por falta de tiempo, sino por no ver el desarrollo de la gente a su cargo como una necesidad estratégica.

Según lo indica un estudio de culturas organizacionales hecho por la ICF, la falta de tiempo para tener conversaciones de Coaching es una de las barreras más comunes. En una empresa deseosa de utilizar al máximo las posibilidades de su gente, esto puede darse de manera circunstancial, pero cuando es algo permanente, el mensaje que recibe el personal es que la formación no es una prioridad, y como consecuencia los recursos humanos más talentosos buscan otros rumbos.

Un modelo con el que trabajamos en mi consultora para desarrollar competencias de Coaching en gerentes es el GROW, desarrollado originalmente por Whitmore, que incluye varios pasos: establecer metas (*goals*), explorar la realidad o lo que está sucediendo (*reality*), definir opciones (*options*) y determinar los próximos pasos (*will*). Lo empleamos porque es simple y útil a la hora de aplicar a los gerentes, y porque les permite tener una estructura para mantener conversaciones de Coaching efectivas.

Otro modelo que nos resulta de gran practicidad es el GAPS, desarrollado por Peterson, que tiene como objetivo definir la brecha entre la situación actual del colaborador, sus metas personales y las de la compañía para la que trabaja. Como puede apreciarse, este modelo explora los objetivos personales (*goals*), después se enfoca en la propia percepción de las habilidades, haciendo hincapié tanto en las áreas de fortaleza como en las de oportunidades de desarrollo (*abilities*), en la percepción de los colegas (a través de evaluaciones de 360 grados) o del gerente (*perceptions*), y, finalmente, busca detectar cuáles son los factores de éxito dentro de la compañía (*success factors*). Al explorar estos elementos, cada persona obtiene una "fotografía" en la que ve con claridad dónde tiene que poner su energía para alcanzar sus metas personales y las organizacionales. A su vez, el GAPS le permite al gerente reconocer oportunidades de aprendizaje para el colaborador (ya que están íntimamente ligadas con sus metas individuales), y esto lo ayuda a aumentar la motivación y el nivel de involucramiento de éste.

La mayoría de las personas estratégicamente valiosas que dejan sus trabajos lo hacen porque no están contentos con sus jefes, porque sienten que no los escuchan ni los aprecian ni se preocupan por su desarrollo. Este es el motivo por el que las compañías, cuando le dedican tiempo y dinero a desarrollar a sus empleados, demuestran, de manera consistente, que lo que están haciendo es invertir en sus recursos humanos.

El gerente, cuando se pone su sombrero de coach, ofrece guía, hace preguntas que les permiten a los empleados encontrar sus propias respuestas y favorece que ellos puedan observar las situaciones desde otro ángulo, lo que les facilita alcanzar objetivos que parecían imposibles. Los gerentes que dan Coaching son un imán para el talento. La gente con alto potencial quiere trabajar con ellos. De esta manera, forman equipos altamente productivos, satisfechos y leales.

El tiempo empleado en dar Coaching favorece el desarrollo de la autoestima de los colaboradores, y los hace sentirse dueños de sus lugares de trabajo, por estar incluidos en los procesos de toma de decisiones. Mi largo camino al servicio de tantas corporaciones me indica que el Coaching es, además, un importante favorecedor de la creatividad y de la innovación.

Bibliografía

Goldvarg, D.; Perel, N.: *Competencias de Coaching aplicadas*, Ediciones Granica, Buenos Aires, 2012.

_____: *Mentor Coaching en acción / Feedback para un Coaching exitoso*, Ediciones Granica, Buenos Aires, 2016.

Peterson, D.; Hicks, M.D.: *Leader as a Coach*, Personnel Decisions International, Minneapolis, 1996.

Whitmore, J.: *Managing for Performance*, Nichola Brealey Editions, 1992.

WEB

ICF: *Building Coaching Cultures*, www.coachfederation.org, 2014.

COACHING DE EQUIPOS

ARIEL GOLDVARG

—Sí, sí. Para nosotros está perfectamente claro: somos un gran equipo. Somos todos profesionales con mucha experiencia y tenemos un excelente trato entre nosotros. Hay compañerismo y los resultados, por suerte, ¡nos ayudan de manera favorable!

Estas fueron las palabras con las que Walter, gerente de Recursos Humanos, abrió el primer encuentro de lo que prometía ser un gran proceso de Coaching de equipos. A la mesa estaban sentados también tres gerentes de otras áreas.

Ante el comentario de apertura de Walter, todos asintieron con la cabeza, para demostrar aceptación.

En ese momento, como en todo coach que se precie de serlo, surgió en mí una inquietud clave:

—Entonces, ¿qué esperan de este proceso de Coaching? –pregunté.

—Queremos mejorar. Ser más eficientes. Queremos que nos vean como un equipo sólido, sin grietas –dijo Mariano, que es gerente de Marketing.

Y estas palabras trajeron a mi mente, de inmediato, una catarata de interrogantes acerca de qué significaría para ellos "mejorar", "ser más eficientes", "ser sólidos"; porque son términos ambiguos, aunque también maravillosamente

123

atractivos para abrir una interesante exploración que permita descubrir creencias subyacentes. Pero antes de encarar esa etapa era importante para mí, como coach, conocer cuáles eran las expectativas de mis interlocutores acerca del proceso. Por eso, mi siguiente pregunta fue:

—¿Dónde esperan que esto se vea reflejado?

En ese momento intervino Guido, gerente de Administración y Finanzas, diciendo con firmeza:

—En nuestros balances, obviamente.

—Podemos, por supuesto, incrementar nuestros balances; pero de poco servirá si no intervenimos en el clima laboral. Sobre todo, teniendo en cuenta las áreas en donde sabemos que hay dificultades –dijo Walter, con tono de refutación.

—No tenemos que olvidarnos de que los volúmenes de producción y las entregas también pueden funcionar como indicadores de que somos un buen equipo –intervino Marcelo, que es gerente de Producción.

La conversación que traigo a este capítulo permite entender, para luego aceptar, la relevancia que tienen para una empresa tanto el clima laboral como los balances, los niveles de producción y las entregas. Pero ¿son realmente indicadores de que el equipo de gestión funciona de forma eficiente?

Seguramente la respuesta será afirmativa si lo que contemplamos son los objetivos empresariales. Sin embargo, la inquietud acerca de la evaluación positiva o negativa respecto de si estamos frente a un buen equipo o a uno que no lo es, pasa por otro lado. Precisamente, en la definición de base de lo que es un equipo y en sus implicancias es donde podemos encontrar los indicadores más concretos. Claro que los resultados son un aspecto que sirve para testear la dinámica de un posible equipo eficaz, pero es bueno saber que no son determinantes para elaborar un diagnóstico completo, ya que son muchas otras las variables que intervienen y tienen que ser consideradas.

Llevo casi quince años como coach en entornos empresariales, donde trabajo con equipos pertenecientes a diferentes industrias, y al mismo tiempo en el ámbito de la docencia, entrenando a managers en habilidades *soft*; y entre todos los modelos existentes que se cruzaron en mi camino encontré uno que me generó un gran interés.

Se trata de una investigación desarrollada por los autores Jon R. Katzenbach y Douglas K. Smith que quedó plasmada en el libro llamado *La sabiduría de los equipos*, cuyo mérito principal, en mi opinión, es el de proponer, de manera sencilla, un abordaje directo para observar, diagnosticar e intervenir en el desarrollo de equipos de alto rendimiento. Este es el motivo por el que considero que es una herramienta sumamente útil para identificar parámetros de observación directa, que permiten intervenciones certeras y eficaces al momento de invitar a los integrantes de equipos a abrirse a nuevas posibilidades de acción y logro.

Hay dos preguntas que deben estar presentes en quien aborda la temática que sirve como *leitmotiv* de este capítulo: ¿Dónde interviene el coach de equipos? ¿Cuál es su rol?

En primera instancia, para determinar los espacios de intervención necesitamos una definición que ayude a identificar los contextos dentro de los que resulta oportuno trabajar, porque esto permite ordenar las ideas y ayuda a dar mayor precisión y foco a la intervención.

Katzenbach y Smith definen al equipo de trabajo como "un número de personas con habilidades complementarias que están comprometidas por igual con un propósito, unas metas y un enfoque común de trabajo, de los que se sienten mutuamente responsables". Estos seis componentes de la definición (integrantes, habilidades complementarias, metas, propósito, enfoque y responsabilidad solidaria) sirven como variables de observación que brindan distintas lentes con las cuales se puede observar la dinámica de los equipos.

Así es como, partiendo de lo que sostienen Katzenbach y Smith, se obtienen al menos seis ámbitos de exploración en los que indagar si los cuatro protagonistas del diálogo de apertura, por ejemplo, son realmente un equipo de trabajo u otra cosa diferente. De hecho, muchos "grupos de trabajo" se autoproclaman como "equipos de trabajo", cuando en realidad no lo son.

Tomando la definición que cito, se puede deducir si el comité de gerentes del diálogo son un equipo o un grupo. Es posible iniciar la exploración con preguntas como estas:

* ¿Son suficientes los *integrantes* para cubrir las tareas requeridas por la organización según su rol?
* ¿Tienen *habilidades complementarias*?
* Los autores las clasifican en: habilidades técnicas, habilidades interpersonales y habilidades para la resolución de conflictos y toma de decisiones.
* ¿Tienen claras sus *metas*?
* No solo las de la empresa, sino también las individuales, las de los otros y su nivel de impacto en los resultados que obtenga el equipo.
* ¿Tienen un *propósito* común?
* ¿Están unidos por una razón que va más allá de las metas?
* Se trata de un sentido común que da fuerza y sensación de propósito a las acciones.
* ¿Tienen un *enfoque* compartido acerca del modo en que van a coordinar, resolver y actuar teniendo en cuenta sus metas?
* Se trata del modo en que interactúan, sus actitudes, comportamientos y mecanismos para la toma de decisiones y la resolución de conflictos, entre otros aspectos.
* ¿Se sienten mutuamente *responsables* frente a lo que generan, lo que logran y lo que no logran?

Si la respuesta consensuada a todas estas preguntas es un "sí" rotundo y honesto, estamos en presencia de un equipo verdadero, y es poco lo que podemos hacer como coaches, salvo que los objetivos o alguna de las variables sea lo suficientemente desafiante como para "desajustar" la dinámica del equipo.

Sabemos, en general, que es muy fácil que haya trabajo en equipo cuando hay buen clima, objetivos sencillos de alcanzar, los recursos disponibles son suficientes y los integrantes están igualmente involucrados y comprometidos; pero lo cierto es que pocas veces se da todo esto simultáneamente. Por lo tanto, los espacios de observación que ofrece el trabajo de Coaching ayudan al equipo a desarrollar mejores niveles de autocrítica, porque les brindan a los integrantes una mayor conciencia sobre qué cosas están bien y qué cosas consideran que desean trabajar para mejorar el funcionamiento y que esto contribuya con el logro de los resultados propuestos.

Yendo algunos pasos más allá, podemos observar cómo juegan las variables que propone el modelo de Katzenbach y Smith a la hora de mejorar los rendimientos de los equipos. Los autores identifican cinco estadios cuando describen lo que denominan "la curva de rendimiento del equipo": grupo de trabajo, pseudoequipo, equipo potencial, equipo verdadero y equipo de alto rendimiento.

En este punto resulta importante aclarar una confusión que está vinculada a la diferencia entre "grupo" y "equipo". Se trata del error en que a menudo se incurre al sostener que la dinámica de grupo es de inferior calidad comparada con la de equipo. Hay ámbitos en donde funciona mejor un grupo que un equipo, o simplemente, no están dadas las condiciones para que un grupo funcione como un equipo. Esto sucede, por ejemplo, con los vendedores u operadores de call centers, donde uno de los integrantes puede tener objetivos personales que no dependen de lo que hagan los demás.

Lo dicho ayuda a comprender que un grupo es "un conjunto de personas que interactúan entre sí, que tienen alguna historia o propósito más o menos compartido". Esto sucede, por ejemplo, con un grupo de personas que asiste a un recital de música. Todos tienen un objetivo común, que es participar del espectáculo y disfrutar del show. Sin embargo, el resultado final (participación e interacción de los integrantes del grupo) tiene poca implicancia en el desempeño de los artistas, más allá de que siempre haya una cierta influencia del público en lo que suceda sobre el escenario.

Retomo ahora el ejemplo de la mesa de gerentes. Estas personas pueden tener claros sus objetivos, pueden tener un excelente clima de trabajo y hasta obtener los mejores resultados, y aun así funcionar como un grupo de trabajo en lugar de hacerlo como un equipo. Esto es así porque la diferencia esencial radica en que en un equipo hay una interdependencia que la dinámica del grupo no requiere. Por eso, desde la perspectiva que estoy utilizando, un aspecto primario para el inicio de un proceso de Coaching de equipos radica en explorar si las personas que están trabajando juntas en pos de objetivos comunes tienen, además de esta finalidad única, la necesidad de interactuar de manera coordinada. Es importante detectar, exploración mediante, si la presencia, la participación y la interacción de todos es vital para lograr un funcionamiento efectivo. Un equipo debe trabajar como lo hacen los engranajes de un reloj.

De acuerdo con la forma en que interactúan estas variables, la curva de rendimiento del equipo muestra *cinco espacios diferentes de intervención* para el coach, que veremos a continuación.

1) Grupo de trabajo

Es un grupo en el que no hay necesidades ni razones significativas de rendimiento incremental que requieran su transformación en equipo. Los integrantes interactúan, principalmente, para compartir información y las mejores prácticas o ideas, y para tomar decisiones que ayuden a cada uno a trabajar dentro de su área de responsabilidad. Más allá de esto, no existen ni un propósito común de "grupo pequeño" auténtico o verdaderamente deseado, ni metas de rendimiento incremental ni frutos del trabajo conjunto que exijan enfoque de equipo o responsabilidad compartida.

Intervención del coach

Ante situaciones de conflicto, inquietud de mejora o deseo de cambio en el funcionamiento del grupo, el desafío para el coach en este caso radica en acercar propuestas a partir de las cuales los integrantes puedan acceder a una perspectiva más amplia de su situación (mirar el *big picture*) y tomar conciencia del modo en que sus acciones impactan en el sistema donde operan.

Esto implica revisar posibles formas sutiles en que se pueda estar afectando a otros, como también reconocer el modo en que el espíritu competitivo puede condicionar la colaboración entre los involucrados.

Las variables centrales a desarrollar en este espacio son las habilidades interpersonales y de resolución de conflictos. También la creación de un enfoque compartido, donde se puedan resolver de manera operativa y efectiva las diferencias surgidas de la coordinación de acciones.

A partir del trabajo de Coaching, el grupo puede optar por la posibilidad de convertirse en equipo y entrar en un proceso de desarrollo de las otras variables. Esto debería ocurrir por voluntad y decisión de sus integrantes, a partir de su compromiso con la búsqueda personal de una mayor productividad del conjunto.

2) Pseudoequipo

Es un grupo para el cual podrían existir necesidades o razones significativas de rendimiento incremental, pero no está enfocado en la productividad colectiva ni tratando realmente de conseguirla. No tiene interés en definir un propósito común de metas de rendimiento, aunque pueda llamarse a sí mismo un equipo. Los pseudoequipos son los más débiles de todos los grupos en términos de impacto de rendimiento. Casi siempre contribuyen menos que los grupos de trabajo a las necesidades de rendimiento de su compañía, porque sus interacciones restan rendimiento individual a cada uno de los integrantes sin aportar ningún beneficio conjunto. En los pseudoequipos, la suma de la globalidad es menor que el potencial de las partes individualmente consideradas.

Intervención del coach

Este es un espacio propicio para conversar acerca de aquello que se está evitando, analizar las posibilidades del contexto y asumir el riesgo de hablar de frente, con honestidad y respeto.

La búsqueda de un propósito compartido permite dialogar en un clima estimulante, donde se puedan tratar de manera enfocada las variables restantes del modelo y se abra, de esta manera, un espacio y un tiempo aptos para elaborar estrategias y establecer acuerdos acerca de cómo será la coordinación de acciones.

3) Equipo potencial

Es un grupo para el cual hay una significativa necesidad de rendimiento incremental, y que realmente está tratando de mejorar su impacto productivo. Sin embargo, típicamente, necesita crecer en claridad respecto de su propósito, sus metas y los resultados de su labor, y precisa también más disciplina para elaborar un enfoque de trabajo común. Todavía no tiene establecida una responsabilidad colectiva.

Los equipos potenciales abundan en las organizaciones. Tal como ilustra la curva de rendimiento, cuando el enfoque de equipo tiene sentido, el impacto de rendimiento puede ser alto.

Por mi parte, estoy convencido de que el aumento más abrupto de rendimiento se produce entre los estadios de *equipo potencial* y de *equipo verdadero*; pero cualquier ascensión por la pendiente amerita ser aprovechada.

Intervención del coach

El rol del coach, en esta instancia, estará orientado a proponer al equipo desafíos para declarar una visión compartida, y un propósito que resulte estimulante y desafiante para todos. Aquí juegan un papel preponderante la aplicación de las habilidades comunicacionales que se tengan para generar un diálogo virtuoso, la capacidad para contribuir a la elaboración de una responsabilidad compartida por todos, y la habilidad para proponer desafíos que inviten a los participantes a salir de su zona de confort. La creatividad juega un papel protagónico para el avance del equipo.

4) Equipo verdadero

Es un número reducido de personas con capacidades complementarias y que están por igual comprometidas con un propósito común, que tiene metas comunes y un enfoque de trabajo consensuado del que se sienten mutuamente responsables.

Los equipos verdaderos son una unidad fundamental de rendimiento. Dada la habilidad que tienen para coordinar acciones, su efectividad radica en su capacidad de enfoque sobre las metas y los resultados que se van obteniendo, sin perder de vista la necesidad de interacción y la calidad de los vínculos entre sus integrantes.

Intervención del coach

El coach puede buscar recursos que permitan sostener en el tiempo lo obtenido. La intervención al momento de generar conciencia radica en proponer desafíos que den participación sostenida al equipo para generar contextos de colaboración, creatividad, compromiso y responsabilidad que los mantenga conectados con lo que quieren lograr.

5) Equipo de alto rendimiento

Es un grupo que tiene desarrolladas todas las condiciones de los equipos verdaderos. Sus integrantes están profunda y solidariamente comprometidos con el desarrollo y el éxito personal de cada uno. Por lo general, este compromiso sobrepasa al equipo. De forma significativa, el equipo de alto rendimiento excede a todos los equipos similares y a todas las expectativas, dado su "espíritu de miembros". Es una magnífica posibilidad y un excelente modelo para todos los equipos reales y potenciales.

Intervención del coach

El rol del coach, en este espacio, consiste en proponer desafíos directos que estimulen la rápida autocrítica. Las habilidades emocionales son claves a la hora de generar la conciencia necesaria para lograr la cohesión entre las partes en conflicto.

Dada la dinámica acelerada del equipo, las situaciones conflictivas deben ser abordadas rápidamente, porque esto mantiene constantemente limpio el campo de juego.

Como se podrá notar, cada uno de estos estadios requerirá del coach diferentes competencias, que están vinculadas con su capacidad para observar, escuchar, indagar, desafiar creencias y hacer distinciones que les permitan a los equipos crear las condiciones necesarias para hacerse cargo de sus objetivos.

Desde esta misma perspectiva, tal vez, Walter, Guido, Mariano y Marcelo deberían trabajar en la confección de un traje a medida que les permita vestirse para la ocasión, no solo cuando sean integrantes de un equipo de gestión exitoso, sino también cuando lideren a sus colaboradores. Me refiero a la creación de una cultura que permita disfrutar de los beneficios que brindan los equipos funcionales, en los que la gente logra hacer que las cosas pasen y se siente orgullosa de que pasen.

Bibliografía

Katzenbach, Jon R.; Smith, Douglas K.: *La sabiduría de los equipos*, Díaz de Santos, Madrid, 1993.
Kofman, F.: *Metamanagent*, Ediciones Granica, Buenos Aires, 2001.
Senge, P.: *La danza del cambio*, Norma, Buenos Aires, 1999.
_____ : *La quinta disciplina*, Ediciones Granica, Buenos Aires, 1990.

COACHING NUTRICIONAL

Entrevista a
MARÍA EUGENIA TORRES

¿Cuál es su profesión?

Soy licenciada en Nutrición y coach ontológica. Trabajo con problemas de obesidad y desórdenes alimentarios utilizando tratamientos individuales y grupales. Me dedico a esto desde que me recibí de licenciada en Nutrición, en 1994. Si bien la obesidad es una enfermedad crónica en vías de crecimiento, en la Universidad de Buenos Aires, donde estudié, no había una buena formación sobre el tema; pero tuve oportunidad de aprender y descubrir muchísimo sobre esta enfermedad después de recibirme, cuando trabajé durante varios años con el doctor Alberto Cormillot. Uno de los puntos importantes que descubrí en aquella etapa de mi carrera es que esta es una enfermedad que requiere un abordaje multidisciplinario; es decir que para su tratamiento no alcanza con la intervención de una nutricionista, un médico o una psicóloga. Esos procesos unidisciplinarios fueron aplicados durante varios años sin buenos resultados.

¿Cómo llegó al Coaching?

Cuando hice mi experiencia trabajando para el doctor Cormillot, no conocía la existencia del Coaching Ontológico, pero ya había descubierto que en el tratamiento de esta enfermedad hay que trabajar partiendo de varios aspectos; sobre todo, de la historia del paciente y de su relación con la comida, porque de otro modo, por más dieta que haga, no llega a recuperarse. Finalmente, en el año 2008, estudié Coaching Ontológico en la Escuela Argentina de PNL & Coaching. Lo hice porque mi ex marido, Ariel Goldvarg, es coach, y ya habíamos trabajado juntos en un grupo para bajar de peso que creamos en 2002, el Programa de Entrenamiento Nutricional (PEN), en el que ofrecíamos charlas sobre alimentación, recomendábamos una dieta pautada diariamente, compartíamos, a través de actividades prácticas, distinciones tomadas del Coaching Ontológico y cerrábamos cada jornada con baile, para incorporar actividad física. Ese fue un espacio donde me interioricé de los conceptos y de la ideología del Coaching Ontológico, y descubrí que me servía, y mucho, para aplicarlo como herramienta con mis pacientes.

¿Qué tipo de Coaching aplica?

Aplico el Coaching Nutricional. La obesidad es una enfermedad crónica, y cuando se la trata no se piensa en la cura, sino en la recuperación, para la que es necesario lograr que el paciente cambie sus hábitos y que sostenga los cambios en el tiempo. Estadísticamente, el porcentaje de recuperación de la obesidad es bajo y su incidencia a nivel mundial sigue creciendo. No se trata de una enfermedad cuya recuperación dependa solo de la buena voluntad. Hay que destacar que las personas con sobrepeso tienen alterada la percepción de las cantidades y no registran lo que realmente comen. Por eso es que se utilizan los registros de comidas como herramienta para el tratamiento.

¿Cuáles son las características principales de su trabajo?

Cuando empecé a aplicar el Coaching Nutricional, mi principal herramienta fue trabajar sobre las creencias, sobre los juicios que el paciente tiene con respecto a la obesidad, al cuerpo, a la comida, si cree que puede o no puede bajar de peso, si cree que se lo merece, si es capaz de estar delgado y mantenerse; porque estas creencias y muchas más son las que a veces no permiten que se llegue al peso adecuado o se logre mantenerlo. El hecho concreto es el sobrepeso, los kilos de más y las enfermedades que se padecen como consecuencia; pero la interpretación de los hechos es lo que genera la realidad de la persona con sobrepeso u obesidad. Siempre les digo a mis pacientes: "La buena noticia es que toda esa interpretación de sus aflicciones físicas se puede modificar y esto va a transformar su propia realidad". Mi experiencia me indica que si cambiamos las interpretaciones sobre la gordura, la delgadez, la enfermedad, la comida, los alimentos, lo que es mucha comida y lo que es comer poco, lo que es bueno y lo que es malo para la salud y varias otras creencias características de las personas con obesidad, logramos un buen resultado, sin subidas y bajadas de peso, que son tomadas como fracasos. Esto me da satisfacciones profesionales trabajando en forma individual o con los grupos que se reúnen conmigo una vez por semana o, en la modalidad intensiva, cinco veces en dos semanas. En todos los casos explico distinciones propias del Coaching Ontológico, siempre aplicadas a la obesidad. Lo que se conoce como "el cambio de observador", la victimización, la responsabilidad, los juicios, las declaraciones, las afirmaciones, las emociones, los estados de ánimo y la escucha son temas básicos cuyo desarrollo colabora decisivamente en la recuperación.

¿Cuáles son las bases de su trabajo como coach nutricional?

Mi trabajo se enfoca sobre el cuidado del cuerpo, las creencias y las emociones, y para llevarlo adelante me baso en tres pilares fundamentales del Coaching y de la salud: *conciencia, responsabilidad* y *acción*.

Cuando me enfoco sobre el primero de estos pilares, busco que la persona tome *conciencia* acerca de quién es, de sus objetivos, de lo que quiere lograr. En este punto trabajo sobre cómo son quienes me consultan y cómo miran a la enfermedad; y pongo especial cuidado en el ajuste entre el compromiso y los objetivos de cada persona.

Cuando abordo el tema de la *responsabilidad*, busco que la persona deje de culparse o de culpar a otros por la enfermedad o por los objetivos no cumplidos. Es muy común escuchar a alguien que hizo muchos tratamientos para adelgazar decir "la dieta no me resultó" o "la nutricionista no me supo guiar" o "el grupo no me ayudó". Estas ideas ponen a la persona que padece la enfermedad en un segundo plano. La lleva a creer que la solución está afuera o que depende del tratamiento para tener éxito. El objetivo del Coaching Nutricional es ayudar a que cada uno se haga cargo de sus acciones y busque los resultados, sin victimizarse.

El tercer pilar fundamental es la *acción*, ya que sin ella no se logran los objetivos. Los pacientes, generalmente, tienen mucha teoría sobre el problema de la obesidad, pero les cuesta ponerla en práctica, y a veces, si accionan, les cuesta sostener sus acciones en el tiempo. Hay que trabajar constantemente sobre la motivación, y tener claro que la dificultad para accionar es uno de los motivos por los cuales muchas veces no se encara responsablemente el tratamiento o se lo abandona. También la ansiedad que genera esperar resultados suele ser motivo de abandono.

Es en esos momentos cuando se impone hablar del "mientras tanto". El Coaching tiene un enfoque radical orientado hacia la acción, hacia el cambio de conducta, hacia la búsqueda de soluciones. No importan los errores cometidos o las veces que se caiga, importa centrarse en "para qué" cambiar las cosas y en "qué", "cuándo" y "cómo" se hará. Si una persona está siguiendo un plan para bajar de peso y se "va de la dieta", no tiene que dar todo por perdido. Tampoco tiene que pensar que está partiendo de cero nuevamente. Las recaídas son parte del proceso de cambio de hábitos alimentarios. Hay que saber enfrentarlas y continuar el plan de la mejor forma posible. Trabajo con objetivos cortos, y a medida que se van alcanzando fijo otros, hacia los que se avanza, y mientras tanto busco que se vayan afianzando hábitos, costumbres que cambian la relación con la comida y con el cuerpo. También trabajo sobre los cambios en la relación con el entorno, con la finalidad de diseñar un mundo en el que la persona vivirá con un cuerpo o un "envase" distinto.

El objetivo principal de mi tratamiento es llegar al peso y mantenerlo. No solo adelgazar. Trabajo con el "para qué" y ayudo a salir del "por qué". Ayudo a imaginar los beneficios de la delgadez, invitando a pensar qué cosas se pueden hacer estando delgado y qué cosas no se anima a hacer una persona a causa de su sobrepeso. También busco que se disfrute del "mientras tanto". Durante el proceso de adelgazamiento, mi objetivo es producir un cambio en los pacientes acerca de sus conversaciones, sobre todo de las relacionadas con la enfermedad. Busco cambiar aquellas creencias que ya no sirven para mantenerse obeso, porque se quiere estar delgado.

Otro concepto con el que trabajo mucho, no solo con los pacientes sino también con los que padecen trastornos alimentarios, es la relación que existe entre el cuerpo, el lenguaje y las emociones:

Esta es una herramienta que uso mucho para ayudar a comprender cómo afectan a nuestro cuerpo las emociones, las cosas que nos decimos y las cosas que les decimos a los demás. La finalidad de la toma de conciencia es que los pacientes tengan claro cómo cada uno de estos componentes afecta inevitablemente a los otros dos. Esto me sirve para trabajar la motivación. Es sorprendente cómo cambian sus emociones cuando comienzan a contarse el cuento de que hay posibilidad de sentirse mejor y de verse mejor. A partir de estos cambios, se sienten entusiasmados, positivos y con más ánimo, y esto afecta directamente su corporalidad, tanto en la postura como en tener ganas de cuidarse con la comida. La circulación mejora, no se sienten hinchados, pesados, caminan mejor, comienzan a sentirse más livianos, descansan mejor, sienten la desintoxicación y esto genera un círculo virtuoso en el que aparecen nuevas emociones y conversaciones sobre la posibilidad de crear una nueva realidad.

Con las conversaciones de Coaching apuntamos a revisar objetivos puntuales. Por ejemplo, cuándo se bajaron varios kilos y cuándo se dejó de bajar, cuándo surge la desmotivación que puede dejar a mitad de camino, y cuándo hay enojo causado por comer menos y tener que consumir alimentos de diferente calidad. Con las personas que buscan mi ayuda, trabajamos sobre cuáles son los juicios u opiniones que tienen sobre "para qué" seguir adelgazando. A veces se trabaja sobre situaciones personales que consideran prioritarias e interfieren con sus objetivos vinculados a la obesidad. En estos casos, busco que los pacientes vean de otra manera el problema que los aleja del tratamiento, que no lo utilicen como excusa para no adelgazar. En mi trabajo, lidio con excusas todo el tiempo. Sabemos que las excusas son algo que está siempre presente en todos los seres humanos; pero en las personas obesas, aparecen con mucha más frecuencia.

Lo maravilloso es cómo las personas incorporan la nueva forma de mirar su enfermedad, cómo cambian el cuento que se cuentan con respecto a tener una enfermedad crónica, cómo cambian sus hábitos, cómo dejan de enojarse por tener que variar la calidad y poner límites en la cantidad de lo que comen, y cómo dejan de hacerse cargo de las opiniones ajenas con respecto a su cuerpo y a lo que comen.

¿Qué ejemplo de una intervención poderosa de Coaching puede compartir?

Uno de mis casos desafiantes es una paciente de unos treinta años de edad con una historia de obesidad que viene desde que era una niña. Esta paciente tiene conductas impulsivas y compulsivas frente a la comida, al alcohol y a las pastillas para adelgazar. Su padre es obeso y su madre una delgada muy obsesiva y muy preocupada, desde siempre, porque sus hijos no tengan sobrepeso, al punto de prohibirles comidas y ponerlos a dieta continuamente. Mi paciente había hecho varios tratamientos, había subido y bajado de peso, y nunca lograba continuar con los tratamientos para mantenerse sin los kilos que bajaba. Llegó a mi consultorio derivada por su psicóloga, con quien trabajo desde hace muchos años y tenemos varios pacientes en común. Cuando la paciente inició el tratamiento conmigo, tenía una conversación interna que no le permitía llegar al peso adecuado, y aunque sabía lo que tenía que hacer, estaba desganada y cansada después de tantos fracasos con las dietas. Esto equivale a decir que adoptaba el lugar de víctima de su enfermedad y estaba muy enojada. Según sus creencias, el bajo peso era imposible de sostener, y la dieta que yo le iba a dar era más de lo mismo. Estuvo viniendo algún tiempo al consultorio, pero se negaba a escuchar. Fui trabajando sobre las creencias referidas a su convencimiento de si podía estar delgada o no, porque noté que guardaba convicciones muy fuertes con respecto a si se merecía o no estar delgada que se vinculaban con lo que significaba la delgadez, tanto para ella como para su familia.

Durante nuestro trabajo, la paciente descubrió, por ejemplo, que asociaba la delgadez a la debilidad, que la gordura le permitía tener más volumen físico, "ser vista" en el mundo y no pasar desapercibida, principalmente para sus padres.

Juntas exploramos creencias sobre su dificultad para tener hijos, ya que ella ponía al sobrepeso como excusa para no quedar embarazada. Así fue como descubrió que no estaba con el hombre correcto para ella, y que no estaba realmente enamorada. En este caso, mi trabajo y el de la psicóloga colaboraron para que la paciente se diera cuenta de lo que se escondía detrás de su gordura.

Cuando vino por primera vez a uno de mis grupos y escuchó y participó, se sintió motivada; pero al ver el plan alimentario pautado día por día se horrorizó con lo que debía comer. Dijo que ella no podía consumir pocas calorías y que se iba a "morir de hambre". Estas fueron, literalmente, sus palabras. Vale aclarar que el plan alimentario que le había armado contenía seis comidas diarias y mil trescientas calorías. Consistía en un menú semanal que incluía variedad de comidas y la iba a ayudar a comenzar a bajar de peso. Cuando manifestó su creencia acerca de que no iba a poder cumplirlo, le propuse que cambiara la forma de ver la dieta. Que la tomara como algo que iba a hacer solo por esa semana. Que pensara que se trataba solamente de un objetivo que iba a perseguir por pocos días, y que ese objetivo era hacer algo diferente, animarse a seguir al pie de la letra la dieta cada día y confiar en mí. Para pedirle esto, me basé en que ella me había confesado que nunca había seguido como corresponde un plan alimentario, que siempre los había "adaptado" a lo que a ella le parecía mejor, basándose para esto en que estaba acostumbrada a "hacer dieta".

Fue muy interesante cómo logramos, conversación mediante, que se dijera algo distinto con respecto al hambre y lo que sentiría por comer poco. Como ya mencioné, cuando vio la dieta dijo: "Con esto me voy a morir de hambre". Le respondí: "No es hambre lo que vas a sentir. Es solamente ganas de comer más cantidad, porque es a lo que estás acostumbrada… Y si sentís hambre, ¡no va a pasar nada!". Lo positivo fue que ella se repitió toda la semana lo que le dije, y de esa manera atravesó esa etapa de miedo al hambre, a quedarse con ganas de comer, de miedo a comer menos cantidad y del enojo que esto provoca. Estoy convencida de que lo que resultó más efectivo en este caso fue que la paciente se animara a hacer algo distinto para buscar un resultado distinto.

Así fue como logró bajar casi veinte kilos, y gracias al trabajo psicológico y a varias conversaciones de Coaching cambió muchas cosas en su vida. Se separó de su marido, se independizó económicamente, y se demostró que puede mantenerse a sí misma y vivir sola. Durante esta etapa del proceso aumentó cinco kilos, pero no resultaron significativos si se tienen en cuenta tanto el peso del que logró desprenderse, no solo en lo físico, sino también en lo emocional, así como las creencias que logró cambiar por otras, que le servían más para lograr cosas que siempre había querido. En la actualidad, puede ver cómo se victimiza cuando no acciona o no logra lo que quiere, y sigue cuidándose con la comida con el objetivo firme de llegar a su peso deseado.

Lo interesante de esta historia es ver cómo la obesidad está muy relacionada con la dificultad de soltar no solamente kilos, sino también creencias, acciones, juicios, miedos, relaciones, costumbres, mandatos sociales, familiares y culturales.

¿Cuál es la diferencia entre consultar a un nutricionista tradicional y a uno que aplica Coaching durante el tratamiento?

Creo que cuando era nutricionista especialista en obesidad y desórdenes alimentarios y no era coach, solo miraba una cara de la enfermedad y de la posibilidad de recuperarse de los pacientes.

Haber aprendido a mirar mi trabajo y la enfermedad desde un lugar distinto me permite ayudar a los pacientes a que vean que existe otra cara de la moneda, que no se trata solamente de lo que ellos y la sociedad ven de la obesidad. No son solo "kilos de más", también es ansiedad, descontrol, enojo, intolerancia, inconstancia, ausencia de dieta, de ejercicio físico y de buenos hábitos alimentarios.

Algo que se debe considerar es que las personas con obesidad prueban varios tratamientos, y obtienen diferentes resultados. Con frecuencia, bajan de peso, vuelven a subir, se mantienen un tiempo y vuelven a engordar, y durante este ir y venir sienten la frustración y la angustia que genera el hecho de tener que volver a empezar. Lo importante es entender que mirando la enfermedad desde otro lugar se puede llegar al peso y mantenerlo, y que todo lo que se aprendió trabajando por el bienestar durante años no es en vano, sino que forma parte de un aprendizaje que sirve para llegar al objetivo: verse delgado y disfrutarlo.

¿Qué autores sobre Coaching Nutricional recomienda?

No tengo referentes en la Argentina sobre Coaching Nutricional. Busco bibliografía sobre Coaching y la aplico a mi trabajo. Hay una nutricionista y coach española con la que me identifico. Su nombre es Elsa Sada, y tiene una página en Internet. Son muy buenos sus artículos, y describen una línea de trabajo con la que comparto muchos conceptos y metodologías.

Biliografía recomendada

Katz, M.: *Somos lo que comemos*, Aguilar, Buenos Aires, 2013.
Echeverría, R.: *Ontología del lenguaje*, Ediciones Granica, Buenos Aires, 2006.

COACHING DE SALUD

Entrevista a
CLAUDIA CASTELLANOS

¿Cuál es su profesión?

Soy licenciada en Psicopedagogía, tengo una maestría en Administración de Empresas y Recursos Humanos y me dediqué a estudiar, además, una gran diversidad de aspectos relativos a la educación, a metodologías y técnicas aplicadas al desarrollo humano, a competencias laborales específicas, neurociencias y psicología positiva, entre otros temas.

¿Cómo llegó al Coaching?

Llegué buscando nuevos contenidos para seguir avanzando hacia mi objetivo de actualización permanente. Conocía algo de la metodología del Coaching desde finales de los 90, cuando seguí un programa que despertó mi deseo de profundizar en el tema. En esa ocasión tuve la oportunidad de conocer el Coaching Ejecutivo, y me resultó muy interesante su basamento en el método socrático, no solamente por las oportunidades de cambio y aprendizaje que permite generar, sino también por su aplicabilidad en el ámbito de las organizaciones.

¿Qué le aportó el Coaching a su ejercicio profesional?

Me aportó un gran conjunto de conocimientos, habilidades y prácticas que me permiten potenciar el desarrollo de las personas y de los equipos. En el conjunto total de experiencias de aprendizaje que tuve a lo largo de mi carrera, los programas de Coaching se destacaron por la gran transformación personal y profesional que generaron en mí. Esa experiencia propia cimentó la confianza profunda que tengo en el valor que esta metodología tiene a la hora de ayudar a otras personas.

Durante mi proceso de transformación cambió en gran medida mi forma de observar el entorno y a las demás personas. Hoy noto que tengo una visión más amplia y positiva, y que tomo la iniciativa de emplearla a cada momento. Por ejemplo, me pregunto qué no estoy viendo, qué más puede estar sucediendo en determinadas circunstancias, cómo viven la situación las otras partes, cuáles pueden ser las motivaciones de esas personas para comportarse como lo hacen, qué es lo mejor que podría suceder dadas estas circunstancias, cuál es el momento oportuno para hacer o decir algo… Esta forma de percepción ampliada me impulsa para tomar acciones específicas, como, por ejemplo, diseñar nuevos programas y encontrar nuevos *partners* con quienes encarar una gestión colaborativa para determinados servicios o clientes.

Gracias al Coaching modifiqué muchísimo mi forma de comunicarme, y eso me dio frutos tanto en mi relación matrimonial como en la que tengo con mis hijas, con mis amigos, con el resto de mi familia y con mis clientes. Hoy cuento con más opciones, técnicas y habilidades que me permiten superar diferencias, conflictos y limitaciones vinculadas a esas relaciones. Uso más preguntas; escucho más profundamente; mejoró mi expresión, tanto en el contenido como en la forma; facilito la reflexión de otros e intervengo para lograr armonía cada vez que me lo solicitan. Aunque en ciertos momentos recurro a otros coaches, me doy cuenta de que desarrollé buenas estrategias de "autocoaching", y esto me ayuda a tomar iniciativas que dan buenos resultados en múltiples situaciones.

Otro espacio específico en el que integro el Coaching es el de la capacitación y el entrenamiento, donde gracias a esta metodología pude ampliar y enriquecer mi trabajo.

¿Qué fue posible a partir de ese aporte?

En mi profesión, pude diseñar e implementar nuevos servicios relacionados con el aprendizaje y el desarrollo humano. Estos desarrollos fueron posibles gracias a que amplié significativamente mi perspectiva acerca de cómo aprende mejor el ser humano, cómo cambia y cómo se puede facilitar que alguien lleve adelante cambios positivos, en el ámbito que sea.

¿Qué tipo de Coaching aplica?

Me dedico al Coaching Ejecutivo, Personal y de Salud, y brindo mis servicios de modo presencial o virtual.

Con relación a los modelos, suelo integrar el Ontológico con el "Europeo" o Humanista. Me baso en las escuelas que Leo Ravier describe en su libro *El arte y ciencia del Coaching*.

Existen tres escuelas o líneas de base en nuestra actividad. El Coaching Pragmático, originado y desarrollado predominantemente por la cultura anglosajona, que tiene como exponentes destacados a Thomas Leonard y Marshall Goldsmith; el Coaching Filosófico, al que se conoce también como Coaching Ontológico, nacido en el marco de la cultura sudamericana, y cuyas figuras sobresalientes son Rafael Echeverría y Julio Olalla, que trabajaron sobre la base brindada por los estudios de Humberto Maturana y Francisco Varela; y el Coaching Humanista, que tiene origen y desarrollo principalmente en Europa y sigue lineamientos expuestos por Thimoty Gallwey y John Whitmore.

Me parece importante resaltar que las denominaciones "Pragmático", "Filosófico" y "Humanista" solo pretenden, a través de un reduccionismo didáctico, facilitar la comprensión de la diferente naturaleza de las tres escuelas, y que esto no implica que el Coaching anglosajón se desentienda de lo humano, o que el Coaching Ontológico sea impráctico. La nomenclatura, simplemente, destaca que la fortaleza de cada línea está basada en una visión del mundo y que esto se traduce en una particular forma de ofrecer Coaching.

¿Quiénes contratan a un coach de salud?

Habitualmente, personas que necesitan hacer cambios de hábitos relacionados con su salud, ya sea para elevar su calidad de vida, como sucede en los casos de personas con enfermedades crónicas, o bien para mejorar su estado general, con objetivos de promoción de la salud. Estas personas suelen recurrir al Coaching por consejo de sus médicos o porque tienen alguna información previa sobre esta metodología y les interesa saber cómo las puede ayudar a cumplir determinados objetivos.

¿Cuáles son las diferencias entre un coach de salud y un profesional de la salud?

Los roles son muy diferentes. El médico es un experto que está preparado para proveer información valiosa sobre las condiciones en las que se encuentra la salud de una persona, así como sugerencias para continuar con una vida saludable. El médico puede diagnosticar, prescribir, dar consejos, indicar un tratamiento, monitorear cambios y complementar o suplementar tratamientos, entre otras cosas.

El coach acompaña a las personas para facilitar la asunción de nuevas perspectivas sobre sí mismas, así como sobre su entorno, sus relaciones y sus comportamientos relacionados con la salud, desafía a explorar motivaciones en favor del cambio de hábitos nocivos por otros más saludables, guía en el diseño de acciones y hace el seguimiento de un plan que permita el logro de los resultados que el cliente se propone para mejorar su salud y conseguir bienestar. De ningún modo el coach puede reemplazar a los profesionales de la salud. La metodología del Coaching de Salud busca promover la autoeficacia para el propio cuidado, a partir del autoconocimiento y de la autoestima.

¿Cuáles serían las diferencias sustanciales entre una conversación de Coaching Ejecutivo y una de Coaching de Salud?

La principal diferencia radica en los objetivos. En el caso del Coaching Ejecutivo, los objetivos del proceso están relacionados con el desarrollo de competencias específicas de gestión o de competencias genéricas valoradas en el mundo corporativo. Por ejemplo, de liderazgo, de comunicación, de gestión efectiva del tiempo o de recursos, de planificación o de estrategia, entre otras. Habitualmente, se espera que la persona muestre cambios en sus comportamientos que den cuenta de que incrementó esas habilidades, y que su aplicación es notable en su ámbito laboral, por ejemplo, a través de los resultados obtenidos por un equipo de trabajo que lidera.

En el Coaching de Salud, los objetivos están relacionados con el desarrollo de hábitos saludables, la promoción de la salud y el mejoramiento de indicadores establecidos en un tratamiento médico, y pueden incluirse interconsultas con profesionales que estén atendiendo al coachee (médico, psicólogo…) para delinear el encuadre.

¿Cuáles son las herramientas y las metodologías de trabajo propias del Coaching de Salud?

Las habilidades requeridas para el coach ejecutivo y para el de salud son las mismas, y adicionalmente, se emplean otras herramientas que pueden resultar valiosas en cada uno de estos ámbitos. En Coaching Ejecutivo, por ejemplo, se suelen emplear tests que permiten determinar estilos de liderazgo o preferencias, y también se recurre al *feedback* del entorno. En Coaching de Salud suele partirse de las indicaciones de los médicos, de sus diagnósticos y sus recomendaciones.

En ambos casos se utilizan herramientas que contribuyan a ampliar la conciencia sobre los objetivos y el plan, los pros y los contras de las decisiones, las consecuencias de las elecciones y de las acciones. La idea, siempre, es explorar en lo que motiva el cambio; por ejemplo, a través de cuestionarios que permitan sondear los niveles de estrés, ruedas de la salud y entrevistas motivacionales.

El Coaching de Salud ofrece un conjunto de experiencias de aprendizaje y de opciones diseñadas específicamente para promover hábitos saludables, relajación, vitalidad y bienestar, elementos que sustentan un plan de acción basado en metas. Durante el proceso se crean estrategias de logro, se siguen los progresos y se trabaja con las áreas problemáticas en la que se desee comenzar a restaurar la salud.

El propósito del Coaching de Salud es acompañar a las personas para que encuentren o recuperen el poder necesario para realizar los cambios (médicamente supervisados) de su forma de vida, para que pongan en ejercicio sus propias capacidades curativas naturales, para que coman más sano, aumenten su nivel de actividad física, eliminen el estrés, administren su peso, para que hagan cambios en su vida que los conduzcan a cultivar la salud y el bienestar.

El estado de salud de una persona es un resultado. Su peso, su nivel de colesterol, sus síntomas de estrés y otros indicadores son consecuencias fuertemente asociadas a sus acciones, que a su vez están estrechamente ligadas al tipo particular de observador que la persona es respecto de su propia salud y de su bienestar.

El Coaching de Salud proporciona la oportunidad de alcanzar mejores resultados, de llevar una vida saludable y desarrollar bienestar a partir de ampliar la visión que el coachee tiene de sus posibilidades de acción, es decir, de su poder para actuar de manera diferente y obtener resultados distintos. Esto implica, comúnmente, informarse más, buscar alternativas, compartir necesidades, aprender.

¿Qué ejemplo de una intervención poderosa nos podría describir?

Más que intervenciones poderosas, observo cambios poderosos en algunas personas. Son casos en los que los coachees se demuestran que son capaces de adquirir una perspectiva tan ampliada o reveladora de sí mismos en relación con su salud y su bienestar, que encuentran y sostienen una nueva y poderosa motivación para cambiar, para eliminar hábitos nocivos con valentía y determinación.

En una ocasión, escuché decir a una cliente con una enfermedad crónica: "Pasé por muchas etapas desde que recibí el diagnóstico inicial, y aunque en muchos momentos no fue nada fácil para mí, hoy puedo decir que estoy agradecida, porque, a partir de esta enfermedad, pude cambiar tanto, crecer tanto, que hoy soy definitivamente una mejor persona. Me gusta más esta vida que la que tenía antes".

¿Qué tipo de resultado obtiene quien realiza un proceso de Coaching de Salud?

Los resultados que se buscan con el Coaching de Salud pueden incluirse en dos grandes grupos:

La promoción de la salud
Vinculada con los cambios de comportamiento necesarios para prevenir enfermedades y aumentar el bienestar.
- Control de peso.
- Aumento de los niveles de energía.
- Administración de medicamentos preventivos.

- Aumento del tiempo personal.
- Control del estrés.
- Aumento de la flexibilidad.
- Administración de niveles de glucosa en sangre.
- Reducción del colesterol.
- Manutención de la densidad ósea.
- Disminución de la presión arterial.
- Disminución del consumo de alcohol.
- Mejora de los hábitos alimentarios.
- Disminución del consumo de cafeína.
- Mejora del sueño.
- Disminución o supresión del hábito de fumar.
- Aumento de la circulación.
- Disminución del consumo de drogas

La gestión de enfermedades crónicas
Vinculada con los cambios de comportamiento necesarios para autogestionar estas patologías.
- Implementación de los cambios que requiere la prevención.
- Implementación de planes de manejo que permitan la autogestión.
- Implementación y control adecuado de la medicación.
- Asistencia y administración de citas y controles médicos.
- Control y registro de *síntomas* (por ejemplo, glucosa en sangre, presión arterial, función pulmonar).

¿De qué manera su formación en Ontología del Lenguaje le permite mejorar los resultados que obtiene?

La fundamentación de los seres humanos como seres lingüísticos y la consideración del poder del lenguaje constituyen una valiosa perspectiva para el trabajo de Coaching. Las competencias conversacionales que ponemos en juego los coaches durante las sesiones, así como también las que el cliente adquiere y puede utilizar en su propia vida, en sus relaciones, empoderan.

Hacer un abordaje integral de las personas, considerando los dominios del cuerpo, de las emociones, del lenguaje y del entorno, permite que se pongan en ejercicio valiosas distinciones que complemento con otros enfoques propios del Coaching.

¿Cómo se complementa la acción de un coach de salud y la de otro profesional, por ejemplo, un médico o un nutricionista?

El coach busca empoderar o volver a empoderar a las personas para que tomen un rol protagónico en la promoción de estados saludables. Las desafía para que dejen de ser "pacientes-pasivos" y se involucren activamente, para que colaboren con los profesionales que los atienden, un médico, por ejemplo, y consigo mismas, por supuesto.

Esto cobra especial importancia porque la organización del sistema de salud presenta muchas limitaciones de tiempo y recursos que impiden a los médicos cumplir con la contención que toda persona requiere ante una dolencia o cuando encara un tratamiento. Recordemos que el tiempo asignado a las consultas no suele sobrepasar los diez minutos en algunas instituciones.

Es por esto que muchos médicos encuentran en el Coaching de Salud nuevas herramientas y prácticas que permiten ir más allá de la prescripción y el control, y animar a sus pacientes a ejercer sus cuidados en forma responsable. Cuando el médico y el paciente (o cliente) hacen su aporte, los resultados suelen ser superiores, se vislumbran mejores pronósticos y se consigue una mejor calidad de vida.

Bibliografía recomendada

Chopra, D.: *Salud perfecta*, Ediciones Zeta Bolsillo, Buenos Aires, 2010.

Dethlefsen, T.; Dalke, R.: *La enfermedad como camino. Un método para el descubrimiento profundo de las enfermedades*, Edición De Bolsillo, Barcelona, 2004.

Goswami, A.: *El médico cuántico. Guía de la física cuántica para la salud y la sanación*, Ediciones Obelisco, Barcelona, 2008.

Harding, J.: *10 minutos de relajación. Bienestar para cuerpo y mente*, Ediciones Parragon, Barcelona, 2008.

Maturana Romesín, H.; Dávila Yáñez, X.: *Habitar Humano, en Seis ensayos de Biología Cultural*, Colección Instituto Matríztico, J. C. Sáez Editor, Santiago de Chile, 2008.

Molins Roca, J.: *Coaching y salud*, Plataforma, Barcelona, 2014.

Myss, C.: *Anatomía del espíritu. La curación del cuerpo llega a través del alma*, Vergara, Barcelona, 2000.

Oschman, J.: *Medicina energética. La base científica*, Editores Uriel Satori, Buenos Aires, 2008.

Rose, S.: *Guía del antiestrés*, Ediciones Parragon, Barcelona, 2008.

COACHING Y ONGs

SANDRA GUTTERMAN - TERESA SACCO

En este mundo tan lleno de diversidades es enriquecedor ver cómo dos personas que provienen de diferentes profesiones confluyen en un proyecto de Coaching destinado a colaborar con organizaciones no gubernamentales (ONGs).

Sandra Gutterman es licenciada en Educación y se desempeñaba en el Ministerio de Educación cuando, en 2008, la contrató una consultora para que trabajara en el diseño curricular de una certificación de Coaching Organizacional. Este fue su primer contacto con el mundo del Coaching, que la impactó y la enamoró. Poco tiempo después se formó como coach organizacional en la Asociación de Desarrollo y Capacitación de la Argentina (ADCA), y posteriormente se certificó como Professional Certified Coach (PCC) en la International Coach Federation (ICF), y para completar su acervo profesional se capacitó en Biología Cultural y se perfeccionó incorporando las distinciones que aporta el Sistema Hagakure.

Teresa es contadora pública y se desempeñaba en una terminal automotriz cuando, en 2006, la vida, el destino o simplemente su camino la puso en contacto con una amiga de la familia que la invitó a hacer un curso de Coaching, palabra que nunca había oído. Fue así que dio sus primeros pasos en este mundo. Luego se formó con Joseph O'Connor, se certificó como Professional Certified Coach en la ICF y a esto le sumó una capacitación en Coaching Ontológico, Político y Organizacional.

A continuación, el testimonio de ambas.

Coincidimos en que a las dos el Coaching nos aportó miradas diferentes, aprendizajes, herramientas, amigos, relaciones laborales, visibilidad, trabajo voluntario y nos llevó a comprender la importancia de hacer preguntas poderosas; pero por sobre todas las cosas, nos ayudó a comenzar un camino de reconocimiento interno y potenció nuestras habilidades. Y es desde ese lugar de potenciar, aprender y dar lo mejor de nosotras que hoy ejercemos el Coaching Organizacional y de vida.

En 2011, la Comisión de Investigaciones del Capítulo Argentino de la ICF nos unió para constituir un equipo que además de hacer investigaciones se propuso generar conocimiento, a partir de la implementación de proyectos sociales y de Coaching en ONGs. Comenzamos a evaluar diferentes opciones, hasta que nos pusimos de acuerdo para encarar una experiencia de investigación, capacitación y Coaching en una organización. Fue así que elegimos la Casa Ronald McDonald, donde más de siete mil familias con hijos en tratamientos médicos por cáncer, trasplantes u otras enfermedades de alta complejidad encuentran, en Buenos Aires, Mendoza y Córdoba, un verdadero "hogar lejos del hogar". La Sala de Padres, ubicada dentro del Hospital "Prof. Dr. Juan P. Garrahan", ya albergó a más de seis mil quinientos padres de niños internados en Terapia Intensiva, mientras que la Sala Familiar de Neonatología ya brindó espacio y contención a más de cuatrocientas madres. Además, la Unidad Pediátrica Móvil Ronald McDonald lleva recorridos miles de kilómetros de rutas argentinas para brindar atención médica a sesenta mil niños.

Nuestros ejes para este trabajo fueron:

• **Valor**
  Lo que ofrecemos e implementamos tiene que redundar en beneficio de aquellas organizaciones para las que estamos trabajando. A la vez, nos proponemos seguir creciendo como equipo.

• **Sustentabilidad**
Nuestro proyecto tiene que poder cumplirse y sostenerse en el tiempo. Incluso cuando nosotras nos retiremos.

• **Reflexión**
Pretendemos abrir espacios de reflexión sobre las prácticas de las organizaciones, desafiar sus creencias y ayudar a construir nuevos paradigmas desde donde mirar la realidad cotidiana. Nuestro deseo es, además, crear espacios de reflexión interna que nos permitan, como equipo, continuar aplicando las decisiones que consideremos que estuvieron bien tomadas, y al mismo tiempo, aprender de aquellas que demostraron que existe una brecha entre donde estamos y donde queremos estar.

Todo lo que hacemos es realizado desde la creencia de que un proceso de Coaching es un proceso de aprendizaje, en el que cada persona parte del relato de su situación actual, es decir de "dónde estoy hoy", y luego expresa cuál es su situación deseada, es decir, "hacia dónde quiero dirigirme".

Partimos de la idea de que todos poseemos un saber, y que es en la relación que establecemos, en la diversidad, donde generamos más y mayor conocimiento.

Valores que cultivamos

La libertad para expresarnos, la asertividad, la solidaridad, la calidez, el compromiso, la responsabilidad frente a la palabra dicha, y por sobre todas las cosas, la humildad desde donde cumplimos nuestro trabajo, para el que no ahorramos en cuidados que perfeccionen nuestras prácticas.

Estilo de liderazgo

Nos identificamos con un liderazgo donde el líder tiene que tener la capacidad necesaria para diagnosticar la situación, adaptar su comportamiento y sus recursos, y también para comunicarse con el equipo de tal manera que todos los integrantes compartan la visión y la acepten.

Esto se logra:

• Distinguiendo las fortalezas de cada integrante con el propósito de potenciarlas.
• Validando a cada uno de los integrantes.
• Generando sinergias entre los integrantes del equipo que impulsen hacia el logro de resultados.
• Realizando acuerdos entre todos los integrantes.
• Reflexionando sobre lo hecho.
• Estableciendo un circuito de comunicación multidireccional.
• Diferenciando roles vinculados a las actividades a crear, desarrollar y realizar.
• Trabajando a partir de una planificación flexible.

Paso a paso en la Casa Ronald McDonald

Decidimos utilizar el *método de casos*, que es un modo de investigación sobre el cual se opera a partir de situaciones de la vida real y permite construir un aprendizaje propio y singular en contextos específicos, poco conocidos. El método se basa en la participación activa y en procesos colaborativos.

El *caso* representa una situación de la vida real, a partir de datos que resultan ser esenciales para su posterior análisis. Se parte de una instancia concreta que permite lograr generalizaciones, o sea que se va de una instancia específica a un mirada más general. Los datos son generados sobre la complejidad de la vida social, para luego explorar en sus significados y sus interpretaciones alternativas.

Lo que se recoge como información está vinculado íntimamente con la acción, y contribuye a cambiar prácticas habituales, dado que se genera a partir de experiencias reales y cotidianas.

Para trabajar…

Diseñamos e implementamos una serie de ejercicios alineados con estándares internacionales, que permitieron a los participantes reflexionar sobre sus prácticas, intercambiar sus puntos de vista y generar las conversaciones necesarias para obtener los resultados buscados.

Nos focalizamos en:

• Fortalecer al equipo de voluntarios a partir de la generación de contextos de trabajo que brindaran posibilidades.
• Forjar acuerdos sustentables en el tiempo.
• Promover la colaboración y el liderazgo.
• Brindar herramientas para una comunicación efectiva.
• Aplicar herramientas para una gestión operativa efectiva.

Y así empezamos…

Luego de ponernos de acuerdo en que llevaríamos adelante una experiencia de capacitación y Coaching dentro de una ONG, nos comunicamos telefónicamente con la directora de la Casa, Gabriela Lebenas. Nuestro mensaje fue: "Tenemos algo para dar y nada para pedir". Esta frase impactó positivamente sobre ella, y así fue como agendamos la primera reunión, en la que fuimos muy bien recibidas por el equipo directivo de la Casa de Buenos Aires. Llegada la instancia, comenzamos con la presentación personal y ofrecimos nuestra disponibilidad y nuestra predisposición para colaborar profesionalmente con la institución.

Acordamos hacer Coaching a:

• Los directivos.
• Los voluntarios.
• Las familias que habitan en la casa.

Para cumplir con esto, cada vez que concurrimos para cumplir actividades con los voluntarios y las familias se averigua el *emergente* (puntos a trabajar en ese momento), dado que los voluntarios van cambiando y lo mismo sucede con las familias a medida que van terminando los tratamientos.

Coaching a directivos

A partir del uso del método de casos van surgiendo diferentes situaciones no previstas. Por ejemplo, durante una reunión con la directora, ella nos contó sus necesidades, pero a medida que avanzamos en el proceso con los voluntarios y con las familias detectamos una necesidad de Coaching a nivel directivo. Esto hizo que creáramos un método al que llamamos Coaching Dual, porque parte desde dos miradas diferentes, las de las dos líderes de nuestro equipo. El método supone el trabajo de dos coaches que de manera simultánea hacen preguntas, en este caso, al equipo directivo. La modalidad reclama que nosotras estemos muy presentes, con una escucha activa máxima, dado que al ser dos personas las que preguntan, con miradas diferentes, la conversación se hace muy enriquecedora, muy dinámica, y abarca al mismo tiempo diferentes opciones. El sistema hizo que el cuerpo directivo obtuviera resultados más rápidos y nutridos con multiplicidad de visiones.

Coaching a voluntarios

Con más de cien voluntarios desarrollamos: su rol, su co-municación efectiva, su escucha activa y sus aptitudes para trabajar en equipo, con el objetivo de lograr un buen clima laboral, alineación con la misión y la visión, y de los valores personales con los organizacionales. Promovemos la colabo-ración y el liderazgo, el equilibrio entre la vida dentro y fuera de la organización y la superación de la gestión operativa

En este caso se aplica Coaching individual, para el cual cada coach de nuestro equipo tiene asignado un voluntario y combina con él sus horarios. La mayoría de estas sesio-nes se cumplen en la Casa Ronald McDonald y las demás en otros lugares convenidos. Además, se aplica Coaching de Equipos, dado que estos voluntarios conforman tanto un equipo único como mini equipos vinculados al turno que comparten. La modalidad que utilizamos se nutre de juegos que apuntan a trabajar sobre los conflictos existentes en la Casa (que conocemos porque obtenemos información de los directivos), luego se hace un rescate y una reflexión. Pero nuestro trabajo no queda ahí, dado que la dinámica se trasla-da a una situación real y culmina con un diseño de acciones.

Coaching a familias

Con más de ochenta familias, casi todas de cuatro integran-tes, se trabaja sobre el impacto de las palabras en los otros y el respeto por ellos en la convivencia, y se reflexiona sobre lo importante que es tener a alguien cerca, que nos cuide, nos proteja y nos abrace en momentos límites. Las activida-des elegidas son lúdicas, dado que hay algunos niños que llegan al encuentro directamente desde el hospital. Se aplica también Coaching Grupal y se utilizan actividades que sir-ven como disparadores de las situaciones conflictivas que aparecen en la convivencia diaria, para luego emplear dinámicas orientadas a padres y a niños como conjunto. Muchas veces, las actividades se ven interrumpidas por niños que llegan de su tratamiento. En esos casos, tenemos que ser lo suficientemente flexibles como para hacer el rescate, la reflexión y el traslado a la situación real como sea posible en cada circunstancia.

Impacto

La elección de esta ONG tiene un alto impacto y genera gran participación en la actividad de coaches que se ofrecen para integrar el equipo, y a su vez motivan a otros colegas, que también quieren colaborar. Pero a su vez tiene un alto impacto emocional, y esto hace que trabajemos sobre el manejo de las emociones.

Para satisfacción nuestra, tanto los directivos como los voluntarios y las familias esperan que vayamos a jugar y a reflexionar con ellos sobre lo que sucede dentro de la Casa en relación con: la comunicación, las relaciones interpersonales y el trabajo en equipo. Sin embargo, nuestro foco está puesto en sentar las bases para la generación de acuerdos y el diseño concreto de acciones para el logro de un espacio de convivencia saludable.

Muchas fueron las actividades que ya se realizaron en la Casa durante los últimos tres años. Cada encuentro, de capacitación o de Coaching, es un verdadero desafío para nosotras, ya que la gente que habita la Casa va rotando, tanto debido a las altas en los tratamientos contra el cáncer, a que los trasplantes fueron exitosos o también, lamentablemente, a que el cuerpo a veces no responde a los tratamientos médicos y los pacientes fallecen.

Las emociones son contagiosas, y esto se ve con claridad por cómo impacta cada hecho que sucede dentro de la Casa. Una de las cosas que nos emocionan se da cuando los integrantes de las familias, durante las conversaciones de Coaching, comentan que ese lugar representa para ellos compañía, sostén, abrazo, cobijo, calor, amor y un verdadero hogar lejos de sus propias casas.

Los voluntarios también rotan, y entre ellos muchas veces no se conocen, porque cada uno cumple un turno semanal. Lo que los une a todos son las ganas y la pasión por ayudar a otros.

Durante el avance del proyecto, ajustamos nuestra planificación a medida que la fuimos desarrollando y la adaptamos a cada situación. Esta experiencia nos brinda un entrenamiento práctico en el uso de las competencias del Coaching, ya que las aplicamos en cada intervención que hacemos; nos hace crecer en valores y conformar un verdadero equipo, fuerte y unido. Por su parte, la ONG se enriquece al mejorar su manera de comunicarse, de relacionarse, de compartir y de trabajar en equipo.

Como líderes de este proyecto de Coaching en una ONG, lo primero, para nosotras, es generar un contexto de confianza que nos permita abrir la puerta de acceso para acercarnos al interior. A través de un diálogo profundo, logramos una comunicación efectiva y establecimos un compromiso, tanto con el cuerpo directivo como con los voluntarios y las familias. Trabajamos de manera complementaria con estos tres grupos, y entablamos una relación simétrica, donde el saber está puesto tanto en quienes dirigen y viven en la institución como en nosotros. Es así como, a partir de las reflexiones y la generación de acuerdos, diseñamos de manera conjunta y coordinamos acciones futuras sostenibles en el tiempo.

Creemos que un equipo necesita crear y recrear relaciones desde el compromiso, movidas por un modelo de comunicación productiva que desarrolle vínculos poderosos sustentados por un objetivo común y por valores compartidos.

Trabajamos:

• Gestionando la motivación del personal para lograr un buen clima laboral.
• Alineando la misión, la visión y los valores personales a los organizacionales.
• Promoviendo la colaboración entre los integrantes, el liderazgo y el equilibrio entre la vida dentro y fuera de la ONG.
• Implantando el concepto de "liderarse para liderar", a partir de la incorporación de la distinción que indica que el camino del liderazgo comienza por conocerse a sí mismo, comprendiendo mejor quiénes somos, confiando en nuestras fortalezas y creyendo en nuestras posibilidades.

Es, para nosotras, fundamental esta máxima:

Cada uno de nosotros tiene una contribución
esencial que hacer,
y solo podemos hacerla si corremos el riesgo de ser
singularmente nosotros mismos.

CAROL PEARSON
Doctora en Filosofía especializada
en arquetipos jungueanos

Nuestro propósito, como líderes de este proyecto, es constituirnos como referentes y líderes del Coaching empleado al servicio de la comunidad y concientizar a los coaches sobre lo importante de la participación de ellos en cualquier servicio solidario. Para lograr esto, desde nuestra nueva posición de líderes de proyectos sociales en Latinoamérica, vamos a aunar esfuerzos en todos los países de la región para motivar a aquellos que todavía no están llevando adelante ninguna actividad de voluntariado en Coaching solidario, y también vamos a potenciar a quienes ya tienen proyectos en marcha.

Para finalizar nuestro caminar por esta hermosa experiencia convertida en capítulo de un libro, queremos decir que nuestro trabajo en ONGs nos llenó de alegría, motivación, sensibilidad, flexibilidad y humildad, y por eso invitamos a todos a que hagan una experiencia social, estén donde estén, y que la realicen desde un lugar de líderes éticos y comprometidos con su ser.

Bibliografía recomendada

Koffman, F.: *La empresa conciente*, Aguilar, Altea, Taurus, Alfaguara, Buenos Aires, 2012.

Logatt Grabner, C.; Castro, M.: *Neurociencia para el cambio*, 2da. edición, Asociación Educar, Libro digital, 2013.

Maturana Romesín, H.: *Emociones y lenguaje en educación y política*, Ediciones J. C. Sáez, Santiago de Chile, 1990.

Senge, P.: *La quinta disciplina*, Ediciones Granica, Buenos Aires, 1998.

—————; Roberts, Ch.; Ross, R.: *La quinta disciplina en la práctica - Estrategias y herramientas para construir la organización abierta al aprendizaje*, Ediciones Granica, Buenos Aires, 2012.

COACHING Y MEDIACIÓN

Entrevista a
INÉS UKAVSKY

¿Cuál es su profesión?

Soy coach-mediadora y abogada. Me describo en ese orden porque es como concibo mi hacer profesional. Mi trabajo consiste en ayudar a personas que se enfrentan a situaciones conflictivas, tanto intrapersonales como interpersonales, para que encuentren soluciones alternativas. Se acepta que podemos co-construir nuestras realidades, pero también, agrego, podemos co-destruirlas, y esto me lleva a intentar que quienes me convocan puedan tejer nuevas realidades con el menor daño posible.

¿Qué le aportó el Coaching a su ejercicio profesional?

Me aportó un universo de posibilidades, destrezas, habilidades comunicacionales, herramientas para trabajar con distintas emociones. Además, el Coaching elevó mi nivel de sensibilidad a todo lo que ocurre simultáneamente durante un proceso de negociación, en el que intervienen distintas partes, y cotidianamente me ayuda en el reconocimiento de todos los canales comunicacionales. Esto resulta de gran utilidad, ya que la Mediación es un método pacífico para la resolución de conflictos entre diferentes actores sociales y es también, en esencia, un proceso conversacional.

¿Qué le resultó posible a partir de los aportes del Coaching a su trabajo?

Uno de los mayores dilemas que enfrenta la Mediación gira en torno a la posibilidad o la imposibilidad del cumplimiento de uno de sus principios: la neutralidad del mediador. La gran pregunta que recorre las reuniones entre colegas se refiere a si el mediador puede actuar con verdadera neutralidad, y no son pocos los que responden que no es posible ser neutral ante las historias que presentan las partes; que necesariamente el mediador toma algún tipo de partido. Mi respuesta es la contraria, y es absolutamente radical. Estoy convencida de que **sí es posible** la neutralidad y lo fundamento afirmando que lo que cuenta una persona es su historia, no la mía, y también que es posible y necesario trabajar con las personas, no con sus historias. Los conflictos, en el campo de la Mediación, están representados por una contraposición de intereses o necesidades que las partes ven como incompatibles entre sí. El problema traído a la mesa de negociación es para cada una de las partes, en líneas generales, un problema del otro. Gracias al Coaching descubrí la extraordinaria habilidad que tenemos para construir narrativas en las que todo encaje perfectamente y le dé sentido a nuestro hacer, sin importar cuán funcionales o nocivos sean los actos realizados a nuestros verdaderos (y no siempre fácilmente reconocibles), intereses.

¿Qué tipo de Coaching aplica?

Mi ejercicio profesional se nutre del Coaching Ontológico. Trabajo para que las personas puedan encontrar, ver, descubrir nuevas posibilidades. Trabajo con la posibilidad del permitirse, para que se reconozcan, para que puedan ampliar su mirada del mundo, para que puedan reconocer al otro con su legítima mirada. Trabajo para empoderar a las personas y que ellas mismas logren encontrar las respuestas y las soluciones co-construidas que buscan.

¿Cuáles son las características del Coaching aplicado a la Mediación?

Voy a responder por exclusión: el mediador es, en esencia, un facilitador de un proceso comunicacional que se ha interrumpido entre las partes. Una conversación de Coaching aplicado a la Mediación requiere –según mi experiencia, que está fundamentalmente relacionada con temas de familias en conflicto– la generación de un espacio o clima adecuado.

¿Cuáles son sus herramientas y sus metodologías de trabajo?

La escucha activa, la generación de confianza, la definición de una agenda de trabajo consensuada con las partes, la definición de los objetivos, el reconocimiento del otro, la individualización de las distinciones, la aplicación del metamodelo del lenguaje, la generación de acciones. Con mi trabajo busco espejar a las partes, identificar tanto sus aspectos positivos como los patrones y las creencias limitantes. Utilizo, por lo general, preguntas abiertas y directas, adaptando siempre mi lenguaje al lenguaje del cliente.

¿Qué ejemplo de una intervención poderosa puede describir?

Cuando las personas se pierden en su laberinto conflictual es muy difícil continuar trabajando para ayudarlas a generar un escenario de posibilidades. Allí, la Mediación ingresa en una meseta, se estanca y nadie puede ver algo. Es entonces cuando, si las partes me lo permiten, trabajo en pequeñas sesiones privadas, en las que siempre parto con una pregunta: ¿Se reconoce como la persona que estaba hace unos momentos reunida con…? Después de que me responda, le pido a quien está teniendo conmigo la conversación de Coaching privada que describa a la otra persona, y a continuación le pregunto quién quiere ser. En general, este recurso produce un efecto importante que lleva a la reflexión y permite seguir trabajando. Estas son situaciones en las que el mediador-coach debe trabajar con un altísimo nivel de atención.

¿Qué tipo de resultado obtiene alguien que realiza un proceso de Coaching con Mediación?

Invertiría el final de la pregunta, para que diga "¿Qué tipo de resultado obtiene alguien que realiza un proceso de Mediación con Coaching?". Y frente a esto digo que son muchas las respuestas, y que los resultados dependen no tanto del modelo que se utilice como del estilo del mediador. Hay mediadores que trabajan para arribar a un acuerdo. En la jerga profesional se los conoce como "acuerdistas". En los casos en que median ellos, si hay acuerdo la Mediación se considera exitosa, y lo contrario pasa si no hay acuerdo. Desde mi punto de vista, la experiencia de pasar por un proceso de Mediación con Coaching enriquece a los actores más allá de ese momento, porque logran claridad acerca de lo que buscaban tanto unos como otros, recobran la serenidad en sus pensamientos, pueden aceptar el parecer del otro aunque no lo compartan, despegarse del problema y colocarlo sobre la mesa, y vivencian una forma más enriquecedora de comunicarse.

¿De qué manera mejoraron sus resultados a partir de su formación en Ontología del Lenguaje?

Los conflictos no tienen entidad fuera de la interpretación que de los hechos hacen las personas. Los conflictos están en la cabeza de las personas. Quien se forma en la Ontología del Lenguaje, en sus distinciones aptas para el manejo de la comunicación, obtiene una diferencia comparativa a su favor para trabajar en temas de familia. En mi caso particular, la Mediación sobre temas familiares me interesa particularmente. La disfruto. Y lo mismo me sucede cuando tengo que intervenir en conflictos que aparecen dentro de las organizaciones.

¿En qué autores o escuelas se basó para crear este espacio en el que el Coaching y la Mediación se complementan?

Trabajo con un modelo que yo misma diseñé. Como la Mediación es un proceso comunicacional facilitado por un tercero neutral, adapté algunas etapas del proceso de Coaching a las que componen una Mediación. Incluso algunas partes de mi trabajo son prácticamente espejos de la sesión de Coaching. Hay varios modelos de trabajo que se utilizan en Mediación. Principalmente, son reconocidos el de la Mediación Transformativa, introducida por Joseph Folger y Robert Bush, y el modelo Circular Narrativo, de Sara Cobb. Ambos buscan, mediante distintas acciones y diferentes miradas sobre el conflicto, que cada uno pueda reconocerse, reconocer al otro, diseñar una historia diferente y abrirse a un escenario de posibilidades, que es la **única** manera de encontrar soluciones de mutuo beneficio a partir de un proceso de Mediación.

El Coaching como recurso en la Mediación familiar

INÉS UKAVSKY

Muchas veces nos encontramos, al cierre de una audiencia de Mediación, con la mirada perdida en el silencio de la sala, después de vivir esos confusos momentos de despedidas, apretones de manos que se entrecruzan, palmadas o, simplemente, un "gracias" y un "buena suerte" que no llegamos a identificar a quién se dirigen ni de quién vienen. También con rostros que no se animan ni siquiera a cruzar sus miradas o con personas que se despiden abatidas y se van enojadas, decepcionadas, tristes por no haber encontrado una solución para su conflicto.

Pero volvamos a la mirada perdida y el pensamiento ensimismado del mediador. Imaginémoslo sentado o sentada, con la espalda apoyada sobre el respaldo de su silla y las manos cruzadas en la nuca, nadando en los interrogantes sobre la complejidad de la mente humana y preguntándose: ¿Qué pasó aquí? ¿Podría haber hecho algo más para que estas personas lograran conversar? ¿Qué me pasó a mí con esta historia? ¿Qué pensamientos interfirieron en mi trabajo? ¿Qué emociones fluyeron? ¿Fue el momento adecuado ese en el que mi voz interior dijo "hasta aquí llegué" y surgieron de mi boca las palabras "Bueno, señores, dado que…"?

Todos estos interrogantes van apareciendo dentro de una rigurosa y curiosa mirada introspectiva, que aspira a colaborar en la búsqueda de la excelencia en la práctica del arte que es la Mediación. (Así lo considero y creo que así debiera considerar su rol el mediador que se precie de ser bueno.) No solamente por la satisfacción que brinda la tarea bien cumplida, sino también porque no exigirnos como buenos artistas conlleva no poder evaluar ni hacer ajustes en nuestro modo de trabajar como operadores en situaciones de conflicto, y esto no es menor, ya que hasta impacta sobre el éxito económico que podamos alcanzar en nuestra profesión.

Posemos ahora nuestra mirada sobre los actores y preguntémonos: ¿Se encontraban en buen estado emocional y tenían la claridad de ideas necesaria para tomar las mejores decisiones? ¿Cuánto pudimos trabajar sobre esto?

¿Realmente es posible trabajar sobre estos aspectos conjuntamente con los abogados de las partes? ¿Es posible trabajar con aquellas emociones que conspiran contra la toma de decisiones asertivas? ¿Cómo apostar a una genuina capacidad de autocomposición de las personas cuando no están listas para ingresar a un proceso de resolución de conflictos en el ámbito familiar y el mediador no cuenta con herramientas adecuadas para trabajar esas derivas?

Me consta que es posible trabajar en estos casos, pero en muy contadas y excepcionales veces, y que este trabajo requiere un denodado esfuerzo por parte del mediador, que pone a prueba el total de su energía física y emocional. Son momentos en los que poder llevar a cabo la tarea pone a prueba cuáles son los recursos técnicos y las habilidades con los que se cuenta para trabajar colaborativamente junto a una parte o a varias. La experiencia me ha demostrado que generar contexto es fundamental en estos casos. La persona invadida por estados emocionales como el enojo, la angustia, la decepción, los deseos de revancha, la ira, el miedo o el orgullo no está en condiciones de tomar lo que considero que son decisiones beneficiosas. Y digo esto aunque sé que hay líneas de pensamiento que sostienen que lo que una sociedad o un individuo pueden considerar bueno, otros pueden entender que no lo es.

Por este camino, me pregunto dónde está la verdad sobre lo que es o no es conveniente en términos de procesos conversacionales, actitud colaborativa, interés de los menores, mutuo beneficio, voluntariedad, neutralidad, autocomposición y varios etcéteras.

Mi experiencia personal como coach ontológica profesional, mediadora en la provincia de Buenos Aires y responsable del trabajo de pre-mediación en procesos de Co-Mediación a Distancia Familiar que funciona en el Centro de Mediación de la Universidad de Buenos Aires, me permite afirmar sin duda alguna que ambas disciplinas, el Coaching y la Mediación, comparten recursos para trabajar con personas en situaciones de conflicto interpersonal.

Un caso

Comparto ahora lo sucedido durante una mediación a distancia en la que intervine, como integrante del Centro de Mediación de la Universidad de Buenos Aires, en el mes de diciembre de 2014.

Escenario previo

Requirente

Mujer de 50 años que trabaja como empleada doméstica. Tiene un hijo de 12 años, que es estudiante. Vive junto a su hijo en la Ciudad Autónoma de Buenos Aires, en un departamento alquilado.

Objeto del reclamo

Cuota alimentaria. Nunca antes la recibió. Está separada desde hace siete años y divorciada desde hace cuatro, con la asistencia provista por profesionales del patrocinio jurídico del Centro de Práctica Profesional de la Universidad de Buenos Aires, que también la asistieron en esta mediación.

Requerido

Hombre de 54 años. Reside en la provincia de Misiones, en pareja y con un hijo de su mujer. Trabaja en una empresa de seguridad. Mantiene contacto ocasional con su hijo vía celular.

Posiciones

Requirente: Quiero tal cantidad de dinero.
Requerido: Es todo lo que puedo ofrecer hasta que termine de pagar la cuota de la *tablet* que le regalé a nuestro hijo.

El monto que ofrece es de 1.000 pesos, menos los 300 de la cuota de la *tablet* cuya compra fue demostrada. Lo ofrecido resulta exiguo para la manutención del menor.

La mediación va atravesando distintos estadios. Avanzan los mediadores en su tarea, con mucho esfuerzo. Las partes se encuentran muy ancladas en sus posiciones. El letrado de la requirente comienza a fastidiarse. Le resulta "ridícula" la oferta. (Esta es su interpretación.) El letrado de la otra parte apoya a su cliente. La requirente está enojada, y fundamentalmente, ofendida; llega a decir: "Que se lo guarde a eso. No quiero nada. Es mejor ir a juicio". Y después de decir esto dirige la mirada hacia su abogado, buscando una respuesta que dé aliento a las palabras que salen de su boca. Y entonces vuelve a sus pensamientos. Y vuelve a hablar. Esta vez le dice a su abogado: "Yo le dije que esto iba a pasar. Yo no quiero ni verlo a ese hombre. No sé para qué vine". Sus ojos se llenan de lágrimas que intenta reprimir. Le acerco un pañuelo y un vaso con agua. La mujer se avergüenza de estar llorando y se disculpa ante los presentes.

Mi representación interna de ella

Se trata de una mujer luchadora, trabajadora, con valores claros en relación a su responsabilidad por el cuidado y la crianza de su hijo. Habla con orgullo del chico y menciona que ese año fue abanderado. Se siente digna por trabajar, y gracias a su trabajo haberle brindado al menor una crianza acorde a sus posibilidades, y es notable su satisfacción por lo que logró.

Los mediadores utilizan todos los recursos a su alcance. Hay dos de ellos trabajando simultáneamente, y también dos abogados, que están tironeando un protagonismo delante de sus respectivos clientes. Propongo una última charla privada entre los letrados y los mediadores de ambos centros.

Después de esa instancia, invito a la requirente a que me acompañe a otra sala, y en ese espacio, con más privacidad y con ella más tranquila, le pregunto si me permite que conversemos un momento sobre lo sucedido en la sala. Cuando me autoriza, decido iniciar una sesión de Coaching adaptada al contexto y al tiempo disponible, que es escaso.

Coach: —¿Qué cree que sucedió allí?

Requirente: —No sé bien… Estaba muy enojada. Estaba ciega. Me ofendió la oferta.

Coach: —¿Quiere que conversemos sobre este enojo?

Requirente: —Si sirve…

Duda del recurso propuesto, pero tiene conciencia de que necesita ayuda.

Coach: —Demos un paso atrás, y por favor, para que me quede claro, cuénteme para qué vino hoy aquí.

Requirente: —Porque yo… En realidad…

La interrumpo.

Coach: —Le recuerdo que tenemos muy poco tiempo y que necesito que esté muy concentrada en mis preguntas. Le reitero: mi pregunta fue "¿para qué vino?". Le ruego que su respuesta comience con un "para".

Se queda mirándome. Recordando. Construyendo un pensamiento.

Requirente: —Para que mi hijo tenga lo que le corresponde de cuota de su padre. Empieza el secundario y va a haber más gastos…

Coach: —Veamos si entendí. Quiere decir que no viene por usted.

Me interrumpe.

Requirente: —¡No! ¡No! Yo trabajé toda mi vida, y a mí nunca me pasó un peso, y yo mantengo a mi hijo, y si tengo que trabajar más, lo voy a hacer…

Coach: —¿Quiere decir que si no fuese por su hijo no estaría aquí?

Requirente: —Y… sí. Pero igual, lo que ofreció es una vergüenza, y encima quiere descontar lo que le regaló. Y ni siquiera anda… Sabe todo lo que yo le compro…

Al escuchar su respuesta, noto que se está dando cuenta de algo.

Coach: —Vuelvo sobre el tema. ¿Vino por su hijo?
Requirente: —Sí.
Coach: —Volvamos a su enojo ahora. La invito a que, por un momento, solo por un momento, se olvide de todo lo que pasó allí. (El tono de mi voz y mi postura corporal en ningún momento se alteran, pero determinan claramente un pedido firme, especial.) Quiero que imagine esta situación: Hay un sujeto que está a mil kilómetros de distancia dispuesto a depositar 700 pesos por unos meses, y luego de que termine de realizar unos pagos, depositará 1.000 pesos todos los meses en una caja de ahorro. Ese dinero tiene un solo destinatario: su hijo. Si no tocara ese dinero, al cabo de diez meses podría tener ahorrados 10.000 pesos, más o menos. Mi pregunta es: ¿Le resultaría beneficioso a su hijo tener una suerte de caja de ahorro que no sale de su trabajo, pero representa una suma de dinero con la que podría contar en caso de necesitarlo? No conteste todavía. Pensemos.

Hago una pequeña pausa.

Coach: —Ahora veamos otro escenario imaginario: Ningún sujeto está dispuesto a depositar nada voluntariamente. Entonces, usted decide reclamar por vía judicial a un sujeto determinado que vive a mil kilómetros de aquí para que un juez lo obligue a depositar a favor de su hijo determinada suma de dinero que usted considera justa, y ya sabe que no sabe cuándo esto podrá ocurrir… Si ocurre. Ahora le pido que elija una historia.
Requirente: —Y… Sí… No lo había visto de ese modo.

Aún no me ha respondido, pero está eligiendo una historia diferente. No vuelvo a preguntar, porque en verdad no necesito que me responda a mí. Sí es importante que se permita valorar otras posibilidades, que tenga una mirada diferente sobre el mismo posible acontecer. Mi objetivo, con este trabajo de Coaching, es ayudarla a que cambie el tipo de observador que está siendo.

Aprovecho el último minuto para contarle a la requirente una historia que tiene que ver con las cosas que no nos permite hacer el enojo, como por ejemplo, tomar buenas, estratégicas, convenientes, beneficiosas decisiones.

La historia es esta:

Había dos mujeres conversando. Una le hablaba a la otra sobre la torpeza con la que había obrado a causa de la bronca, del enojo, de los celos y del despecho que sintió cuando rompió con su novio de varios años: "Fui tan estúpida, que cuando di el portazo final abrí la ventana y tiré a la calle el anillo con un brillante que me había regalado, y de un tirón corté la cadena con la medalla con nuestras iniciales en oro macizo y también la tiré por la ventana. Pero ahora que pasó un poco de tiempo, no puedo explicar lo tonta que me sentí cuando, al minuto, bajé a la calle a buscar 'mis valores', que ya alguien se había llevado".

La requirente sonríe. Supongo que piensa en cuántas de esas historias conoce.

Coach: —Bueno, ya tenemos que entrar; pero antes quisiera saber si le sirvió nuestra conversación y si está mejor preparada para seguir con la Mediación.

Requirente: —Sí. Gracias.

Cuando la mujer vuelve a ingresar a la sala, es otra persona. Su actitud es calma. No hay enojo aparente. Se la ve, desde el punto de vista de la corporalidad, en una posición segura.

No es importante el final de esta historia. Al fin de cuentas, no es mi intención decepcionar a nadie, así que lo dejo librado a la imaginación de cada lector.

Lo importante es darse cuenta de que es necesario trabajar interdisciplinariamente, dentro de las posibilidades de cada mediador o de cada centro de mediación, para potenciar el éxito de los procesos, muy especialmente, en el ámbito familiar.

La conversación que puse como ejemplo tuvo como principal y casi única finalidad ayudar a la persona a neutralizar su estado emocional para poder tomar el control de sus emociones y optar por mejores decisiones, ya que se entiende que al controlar sus emociones esta requirente también logró clarificar sus objetivos; o sea, saber con certeza para qué había ido a esa mediación.

Bibliografía recomendada

Cobb, S.: *Una perspectiva narrativa de la mediación - Hacia la materialización de la metáfora de "narración-de-historias"*, material bibliográfico del curso Negociación y Resolución de Conflictos, Universidad de California, Santa Bárbara, Agosto-septiembre, 1995.

Echeverría, R.: *Ontología del lenguaje*, Ediciones Granica, Buenos Aires, 2008.

Folger, J.: *La promesa de mediación*, Ediciones Granica, Buenos Aires, 1993.

Maturana Romesín, H.: *La objetividad. Un argumento para obligar*, Ediciones Granica, Buenos Aires, 2011.

COACHING Y NEUROCIENCIAS

Entrevista a
MARIANO LESCANO

¿Cuál es su profesión de base y cómo llegó al Coaching?

Soy licenciado en Administración de Empresas y llegué al Coaching después de participar de una conferencia sobre la temática. En el año 2001 me formé en Programación Neurolingüística y fue por ese entonces que por primera vez escuché hablar sobre Coaching.

¿Qué le aportó el Coaching a su ejercicio profesional?

Mi formación en Coaching significó una gran posibilidad de enriquecer con nuevas técnicas y herramientas de intervención los procesos de mejora en el rendimiento de personas, y contribuyó a mi obtención de buenos resultados en empresas y otras organizaciones.

¿Qué lo motivó a incursionar, investigar e incorporar las Neurociencias a su práctica?

Muchas de las actividades y herramientas que se utilizan en las sesiones de Coaching tienen que ver con procesos neurocognitivos, y comprender estos procesos es de suma utilidad para el coach. Los avances en el estudio del cerebro permiten tener un abordaje más específico y diseñar herramientas efectivas, a partir del conocimiento de las estructuras cerebrales y su funcionamiento. Además, las Neurociencias brindan una base científica en la que sustentarse para ejercer el arte y la creatividad a la hora de desarrollar ejercicios y prácticas en la disciplina del Coaching.

¿Qué fue posible a partir de este aporte?

Creo que el coach se enfrenta a grandes desafíos que presenta el coachee, y no puede estar ajeno a la manera en que funciona el cerebro de manera cognitiva. Desconocer significa aplicar distinciones sin llegar a las fuentes de esos conceptos. El conocimiento de las Neurociencias le permite al coach nutrirse con nuevas formas de intervención y nuevas distinciones. Comprender cómo el coachee realiza sus procesos cognitivos intelectuales y afectivos y cómo se mueve en su entorno mediante su cognición social hace posible una nueva mirada y enriquece el proceso de Coaching.

¿Qué tipo de Coaching aplica?

Aplico el Coaching Ejecutivo y el Organizacional. Están orientados al desarrollo del potencial de las personas en sus ámbitos laborales. Me consultan líderes de empresas y otras organizaciones. Frecuentemente, sucede que las brechas en el desempeño son clarificadas o identificadas por la organización o por el superior del coachee. En otras ocasiones, el coachee plantea su necesidad de aprendizaje a partir de los resultados que obtiene en su trabajo.

¿Cómo se *linkean* las Neurociencias y el Coaching?

Comprender cómo funciona el cerebro nos ayuda, como coaches, a tener mejores intervenciones. Entender cómo se construyen los modelos mentales y los paradigmas facilita el proceso de cambio de observador. En todo este proceso la memoria y la atención moldean la construcción de significados y la manera en que interactuamos con el medio, las personas y las situaciones. Por ello, la valoración de la experiencia y la percepción del contexto y las circunstancias del coachee estarán moldeadas, en gran medida, por estos dos elementos. Conocer un poco más acerca del cerebro nos permite ser más efectivos en nuestra profesión de coach, y nos permite brindar a nuestros clientes nuevas oportunidades de aprendizaje que les posibilitan tomar nuevas acciones para mejorar su efectividad personal o profesional.

¿Cuál es el valor agregado de esta asociación?

El estudio de las Neurociencias cognitivas nos permite obtener conocimientos, técnicas y herramientas para facilitar nuevas conexiones, romper con viejos patrones, facilitar los procesos de cambio o encontrar nuevas opciones para los coachees en proceso de Coaching. Antes se pensaba que el recuerdo de algún nombre, hecho o circunstancia se encontraba en una parte específica del cerebro. En realidad, la memoria está integrada por redes que se activan y recuperan la información. Cuando el cerebro realiza esta actividad, se establece una reconexión de estas redes, pero no siempre en la misma forma y con los mismos elementos, porque con el transcurso del tiempo la persona incorpora nuevos conceptos, tiene nuevas vivencias, experimenta nuevas circunstancias y se modifican sus pensamientos y sus creencias, es decir que se crean nuevas redes y el cerebro cambia. Por todo esto, cuando evoca una experiencia anterior, ésta puede ser modificada por la característica de plasticidad del cerebro, o sea, su capacidad de cambiar y desarrollarse. Este es el fundamento por el cual el coachee puede modificar sus juicios, resignificar experiencias y emociones, cambiar el tipo de observador y su particular

185

manera de ver el pasado y el presente, y desde luego, de proyectarse hacia el futuro.

¿Cómo se visualiza esto en un caso práctico?

Una actividad crucial en el proceso de Coaching es identificar los juicios limitantes que tiene el coachee. Esos juicios se forman a partir de la manera de construir significado que tiene la persona. Por ejemplo, un coachee tiene dificultad para volver a conducir un coche a raíz de una experiencia negativa que vivió cuando detuvo su vehículo en una bocacalle sin querer hacerlo, por no coordinar de manera efectiva los movimientos del acelerador y el embrague. Este hecho se archiva en la memoria de forma negativa por las expresiones y reclamos de los otros automovilistas que se vieron demorados en esa ocasión. La experiencia se activa en forma de recuerdo cada vez que piensa o que se sube a un automóvil para intentar manejar nuevamente. Esta persona, el coachee, sabe manejar, porque antes ya lo había hecho. Significa que su habilidad está alojada en su memoria procedural (de largo plazo, de respuestas condicionadas y habilidades aprendidas). Por lo tanto, es algo difícil de olvidar. Es algo parecido a lo que sucede cuando alguien que sabe andar en bicicleta vuelve a intentarlo después de muchos años. Lo puede hacer sin grandes dificultades, pero después de un breve período de tiempo. Lo mismo sucede con la conducción de un automóvil; pero en el caso que planteo hay un bloqueo emocional vinculado con el miedo que tiene la persona de que le vuelva a suceder lo que le ocurrió en esa bocacalle y lo invadan nuevamente la sensación de culpa por la demora que le puede generar a otros automovilistas y la vergüenza por no saber manejar. Pero, en realidad, la competencia de manejo es distinta de la reacción emocional limitante o bloqueante que está experimentando, por lo que, a la hora de diseñar compromisos de acción, el cliente tiene que trabajar sobre el tema emocional y no sobre sus habilidades de manejo.

¿Qué beneficio adicional recibe un coachee al consultar a un coach formado en Neurociencias?

Un coach que incorpora a su trabajo las Neurociencias cognitivas tiene mayor claridad sobre la forma en que el coachee forma sus juicios, sobre cómo ve a las personas y los hechos, y cómo estos elementos se organizan para formar un significado. Esto le permite al coach facilitar la reorganización, lograr lo que en Coaching se conoce como el "cambio de observador". Agrego que lo que comparto en este lugar no es exclusivo de las Neurociencias. Un coach ontológico formado en Ciencias Empresariales también tendrá más elementos de análisis y variables para facilitar procesos de aprendizaje transformadores en los ámbitos de los negocios que aquel que no haya incorporado esas distinciones.

¿Qué tipo de coachee contrata a un coach ontológico con formación en Neurociencias?

Cualquier coachee puede contratar a un coach con formación en Neurociencias, ya que las distinciones adquiridas en esta rama del conocimiento son útiles para el proceso de Coaching en general.

¿Qué ejemplo de una intervención poderosa de Coaching con Neurociencias puede describir?

El de una intervención con un coachee que es gerente de una casa de electrodomésticos y que siempre se enojaba con los clientes que reclamaban por un producto mal vendido o cuando surgía algún inconveniente, tanto en el funcionamiento del producto como en el servicio de entrega. Después de los reclamos, este hombre quedaba emocionalmente afectado por la situación y eso lo perjudicaba en su rendimiento laboral durante toda la jornada. Trabajé con él aplicando ejercicios que ampliaran la actividad en el prefrontal, que es la zona donde se realizan los procesos ejecutivos superiores, y también es desde donde se disparan los efectos de inhibición para los impulsos. El compromiso de acción que se llevó al concluir la sesión fue el siguiente: cuando sucedieran los episodios de reclamo que lo llevaban a emociones negativas, como el enojo o la ira, tenía que identificar qué área de la empresa estaba funcionando mal, qué procesos estaban involucrados, y qué estrategias y personas podían resultar útiles para la solución de fondo del problema que se estaba planteando. Todo esto implica mucha actividad en la región frontal del cerebro, análisis, toma de decisiones, creatividad; y lleva a la generación de opciones de solución. Lo que explico significó que, ante un cliente enojado, en este coachee se activaran no solo emociones negativas, sino también la actividad cognitiva intelectiva, lo que equivale a decir que comenzaron a activarse otros circuitos neuronales, que antes permanecían inactivos, para producir nuevas redes y asociaciones que llevaran a nuevos pensamientos, a nuevas posibilidades y a nuevas acciones.

¿Qué tipo de resultados obtienen sus coachees?

Obtienen resultados significativos, acordes con sus capacidades y a la forma en que funciona su cerebro. La memoria juega un papel clave en estos procesos. Una situación emocionalmente intensa queda grabada en la memoria autobiográfica de la persona. Cualquier estímulo similar al que disparó la experiencia anterior activa el recuerdo y reproduce nuevamente la experiencia en términos emocionales. El coachee vuelve a sentir lo que sintió en aquella oportunidad. Frente a esto, el coach formado en Neurociencias diseña herramientas para que su coachee logre, utilizando su sistema atencional, encontrar nuevos elementos en los hechos y las circunstancias que se le presentan, y que no se vea afectado con la intensidad que genera la activación del recuerdo.

¿De qué manera su formación en Ontología del Lenguaje y en Neurociencias le permiten mejorar sus resultados?

Es indudable que la Ontología del Lenguaje aporta a la hora de diseñar acciones y de tener buenas conversaciones, y que impacta sobre el hecho de ayudar a tomar buenas decisiones, y esto se hace notar en los resultados que se obtienen. A su vez, el diseño de conversaciones efectivas, los actos del habla, los pedidos, las ofertas, las declaraciones, son actos lingüísticos que se llevan a cabo mediante procesos neurocognitivos voluntarios y automáticos. Suspender el automatismo mediante la activación de procesos más controlados, voluntarios y decididos, habilita la posibilidad de tomar mejores decisiones. Una persona que siente que "todo es lo mismo en el trabajo", que no está motivada, que se cansó de la rutina, que no le encuentra sentido a su realidad laboral, puede ser acompañada por el coach formado en Neurociencias mediante el diseño de ejercicios y prácticas que activen sus sistemas atencionales y perceptivos y suspendan el procesamiento de circuitos y redes neuronales integradas y repetidas con frecuencia. El diseño de nuevos circuitos lleva a una percepción diferente del entorno, que genera nuevos estímulos y nuevas experiencias. Por ejemplo, si a un vendedor se le da una nueva instrucción que consiste en elegir al mejor cliente para premiarlo con algún beneficio particular, y se le dice que esa elección tiene que estar fundamentada no en el volumen de compra sino en algunos criterios de comportamiento y conducta o hábitos de compra, ese vendedor ya no verá a todos los clientes por igual. Empezará a refinar su mirada, prestará atención a cada uno de los detalles que presenta el cliente: cómo es su nombre (porque lo tiene que identificar), qué cosas hace, cómo se comporta, cómo se comunica con la empresa. A partir del momento en que el vendedor reciba la nueva directiva, ya no todos los clientes serán iguales, ya no será todo "lo mismo". Con la ayuda de su coach, el coachee empezará a ver esas pequeñas sutilezas que hacen que cada cliente sea distinto, particularmente diferente, y él, como vendedor, podrá empezar a apreciar esa diferencia. De este modo, el vendedor ya no vivirá en la rutina y el automatismo de vender productos, sino que comenzará a atender realmente a las personas. Su percepción de la realidad se verá ampliada, su sistema atencional estará redirigido y sus sentidos completamente activados, y esto hará que vea a los clientes de una manera diferente a como los veía antes, cuando todos le parecían iguales.

Bibliografía recomendada

Damasio, A.: *El error de Descartes: la emoción, la razón y el cerebro humano*, Booket, Barcelona, 2013.
Siegel, D.: *Cerebro y Mindfulness*, Paidós, Madrid, 2012.
Dehaene, S.: *La conciencia en el cerebro*, Siglo Veintiuno Editores, Buenos Aires, 2014.

COACHING Y ONTOCORPORALIDAD

Entrevista a
DELIA CHUDNOVSKY y MARISA KRAWIECKY

¿Cuáles son sus profesiones de origen y cómo llegaron al Coaching?

Delia Chudnovsky: Mi primera profesión fue la de maestra de Hatha Yoga. Después me formé en Taoísmo, Estudios Orientales y Macrobiótica, y más tarde conocí la Eutonía de Gerda Alexander, que me aportó una mirada occidental sobre lo que ya venía practicando y me permitió integrar ambas culturas, la de Oriente y la de Occidente. Me certifiqué como eutonista en 1990, y al año siguiente incursioné en la Bioenergética desde el Inconsciente Corporal. Esta experiencia me ayudó a reconocer que las emociones desagradables no solo se anclan en estados de ánimo, sino también en el cuerpo. En ese momento comencé a trabajar con un nuevo proceso para sanar emociones. Sin embargo, sentía que todavía estaba en deuda con respecto a la inserción de mi vida hacia el mundo. Así fue como me acerqué al Coaching Ontológico, con la ambición de conseguir una comunicación más eficaz conmigo y con el entorno. En ese momento se me abrió un mundo de posibilidades en lo que tiene que ver con hacerme cargo de mí y con cumplir con mi deseo de comunicarme de forma efectiva con mi entorno. En 1991 me certifiqué en la segunda formación del programa El Arte del Coaching Profesional (ACP). Mis maestros fueron Julio Olaya, Rafael Echeverría y Humberto Maturana.

Marisa Krawiecky: Ejercí durante veinte años como actuaria, hasta que un día sentí que mi profesión era más un espacio de comodidad que de plenitud. En la búsqueda de una mayor aproximación al mundo de las emociones, la creatividad y los vínculos pasé por diferentes etapas: el arte, la filosofía, la literatura, hasta que me certifiqué como *practitioner* en Programación Neurolingüística, y gracias a la insistencia de un compañero de esa formación para que conociera el Coaching Ontológico, en el año 2007 me certifiqué como coach en la escuela de Lidia Muradep. Después, para integrar mi mundo numérico y empresarial a mi nuevo enfoque, me formé en Coaching Sistémico Organizacional con Liliana Zamora y Graciela Tufani. Sin embargo, mi sensación era que seguía inmersa en el mundo intelectual. Así fue como decidí involucrarme con mi cuerpo, y durante esa nueva búsqueda conocí a Delia Chudnovsky, a quien le agradezco enormemente la posibilidad que me abrió de integrar ambos hemisferios en un marco de absoluta amorosidad y entrega. Con ella me certifiqué en Coaching Ontocorporal, en el año 2011.

¿Qué les aportó el Coaching a sus ejercicios profesionales?

DC: Yo me sentí más segura a partir de mi conocimiento del Coaching, más plena, con más disponibilidad intelectual y emocional para hacer, ser, tener y alcanzar aquellas cosas que son valiosas para mí y descartar aquellas que hoy siento que me hacían perder tiempo de vida. A partir de mi encuentro con el Coaching descubrí mi capacidad de jugar y divertirme. De decir "no" sin enojarme. Cambió mi relación con el mundo. De estar dura por fuera y reactiva, y blanda por dentro, a escondidas, pasé a ser permeable, a tener una buena escucha y a estar receptiva hacia el mundo exterior, pero firme por dentro, segura.

MK: Dudar de mis certezas me abrió un mundo de posibilidades desconocidas que me despertaron mucha curiosidad y enriquecieron mi vida. Comencé a tener una mirada más compasiva hacia las personas, a poder afianzar y disfrutar más de los vínculos, a poder acompañar a otros en sus mejores y peores momentos, a acompañar durante un duelo, a sentirme cerca del otro y a aprender a transmitir mis emociones desde un lugar auténtico, más que desde un lugar defensivo. Empecé a comprender más y a rechazar menos. El Coaching me aportó la posibilidad de transformar mis debilidades en fortalezas.

¿Qué fue posible a partir de ese aporte?

DC: Una nueva mirada del mundo y de mis posibilidades. Mayor confianza. El Coaching cambió mi posibilidad de protagonismo. Me ayudó a "aparecer". Hizo que comenzara a sentirme buena oferta para el mundo y para mí misma. En mi quehacer profesional, logré introducir el cuerpo como un espacio asequible, próximo, disfrutable, saludable y prometedor. Como resultado de esta integración, fundé la Escuela de Coaching Ontocorporal, en el año 2000. Ken Whilber dice: "Es evidente que pocos de nosotros hemos perdido la cabeza, pero hace mucho tiempo que la mayoría hemos perdido el cuerpo". Tomé esas palabras como un argumento de autoridad y emprendí la escuela con la intención de ponerle cuerpo al Coaching.

MK: Gracias al Coaching pasé de una mirada lineal, secuencial, a una mirada multidimensional del ser humano. Somos lo que pensamos, lo que sentimos, lo que decimos, lo que hacemos, lo que corporalizamos, lo que comemos… Todo está interconectado y relacionado de manera simultánea. En esta nueva etapa, que continúa, me resultó posible soltar lo conocido y desafiarme en espacios nuevos. Mi foco laboral pasó del rendimiento de los números al desarrollo del potencial humano, mucho más complejo para mí, y al mismo tiempo, mucho más gratificante.

¿Qué tipo de Coaching aplican?

Ejercemos el Coaching Ontocorporal. Creemos que las distinciones son parte del observador, más que herramientas para aplicar o un conocimiento al que haya que recurrir como si fuera una receta. Cuando las distinciones ya están incorporadas se es uno con ellas y no se las puede abandonar hasta que se integren en una nueva. Nuestra labor es crear junto al coachee un mundo de nuevas posibilidades, a partir de acompañarlo a atravesar nuevas experiencias desde las distinciones corporales que nos constituyen como un observador completo. Estas experiencias lo invitan, por ejemplo, a regular el tono, reacomodar el cuerpo en diferentes ejes, flexibilizar sus articulaciones, desarrollar la conciencia de su piel, de sus huesos, habitar la actividad y la pasividad, desarrollar el sentido del tacto y el contacto, siempre integrando en simultáneo lenguaje y emociones. Cada meta, cada objetivo, cada conversación, cada acción, requiere de un cuerpo particular y de un determinado fluir energético. Ese es nuestro desafío: ofrecerle al coachee modificar las huellas en su corporalidad, para ampliar su observador. Al hacerlo, por efecto del sistema límbico, que es parte del sistema nervioso central, se modifica la comunicación lingüística, emocional y espiritual. La característica principal de nuestra labor es ofrecer una mirada integradora sistematizada, con metodologías diferentes para cada uno de los dominios que nos constituyen. Lo que brindamos es una sistematización de nuestros aprendizajes para poder iluminar y regular el campo de acción de cada dominio voluntariamente. Al mismo tiempo que trabajamos regulando el tono muscular, lo hacemos también con los pensamientos, con las conversaciones y las emociones. También consideramos la existencia de un mundo sutil, para el cual las palabras son insuficientes. La ciencia intenta dar explicaciones racionales, pero no alcanza, y el mundo de la Física Cuántica avala que existe un mundo más allá de lo material, un mundo suprasensorial, multidimensional, que excede nuestros cinco sentidos físicos, en el cual también existimos. El Coaching Ontocorporal se caracteriza por tener subyacente la Filosofía Holística, cuya premisa es que la existencia se manifiesta en todos los niveles en términos de totalidades, o sea, en campos organizados de actividades interdependientes, como explica Stephen Arroyo.

¿Cuáles serían las características propias del Coaching Ontocorporal aplicado, por ejemplo, al ámbito ejecutivo?

Para nosotras, la diferencia entre lo que hoy entendemos que se denomina Coaching Ontológico y el Coaching Ontocorporal está dada por el peso que se le da a cada uno de los dominios que nos constituyen como seres humanos. Para el Coaching Ontocorporal hay una conciencia, una escucha y una intervención corporal simultánea a la conciencia, la escucha y la intervención lingüística, emocional y espiritual. Sostenemos que hay una reconstrucción lingüística de las emociones y también una reconstrucción corporal de las emociones. El encuadre de una conversación de Coaching depende más de las condiciones de contratación que de si se trata o no de un ejecutivo. El ejecutivo es también una persona con lenguaje, emoción, cuerpo y trascendencia, aunque su marco laboral no siempre se anime a reconocerlo. Sucede lo mismo con algunas personas que consultan con el deseo de hacer un cambio en sus vidas, y tienen grandes resistencias a poner el cuerpo en el proceso de Coaching. En ambos casos, en principio, siempre vamos a hacer una propuesta en armonía con el lugar desde donde el individuo, el ejecutivo o la empresa estén dispuestos a trabajar con menor resistencia, pero sin perder de vista al ser humano de forma integral. Aun cuando el marco no habilite el trabajo corporal, mirar el cuerpo es mirar los anclajes y potenciales posibilidades que una persona pueda tener inscriptos en él. Esta mirada que no descuida lo corporal facilita y acorta el camino por donde entrar para llegar a la inquietud del cliente lo más rápidamente posible.

¿Cuáles son las herramientas y metodologías de trabajo que utilizan?

Accedemos a la transformación del observador que está siendo el coachee desde la integración de diversas disciplinas. Incorporamos los principios de la Eutonía, sus bases teóricas y prácticas. Distinguimos que cada tejido hace a una particular conciencia. Por ejemplo, trabajamos la capacidad de poner límites desde los huesos o desde la piel. Nuestra piel no solo nos protege del sol y del calor sino también del mundo externo, cuando sentimos hostilidad, abuso, inseguridad. Vivenciar esto desde la experiencia lleva a la persona a un sentir diferente sin que sea necesario que se verbalice. Esta mirada desde la Eutonía, llevada a la experiencia, hace posibles nuevas declaraciones. Nos beneficiamos de la Ontología del Lenguaje para llevar adelante conversaciones poderosas, una escucha generosa, para saber pedir, ofrecer, para ayudar a comprometerse y generar nuevas realidades a partir del lenguaje. La Física Cuántica y el enfoque tomado de Humberto Maturana, que desarrollan la teoría del observador, colaboran con nuestro trabajo a la hora de mostrar la apertura del mundo de posibilidades que existen para mejorar la convivencia y el logro de resultados. También nos apoyamos en el Taoísmo y su visión de las cualidades de los cinco elementos que reconoce como relacionados complementariamente, lo que permite la circulación de estos elementos entre sí, ya sea para generar un elemento poco disponible o para regular un elemento que se presenta en exceso. En esta parte de nuestro aporte, el coachee aprende a hacer circular su energía de manera complementaria. Por ejemplo, si le falta tierra (estabilidad) aprende a generarla, o si le sobra agua (confusión emocional) aprende a compensarla. A través de la Meditación por la Luz abrimos el camino para acceder directamente a la cualidad de la creatividad del hemisferio derecho, utilizando ejercicios que permiten limpiar emociones y generar imágenes ideales que amplían la visión del coachee y acortan los tiempos de los objetivos a alcanzar. Finalmente, también nos valemos de distinciones propias de la Psicología Positiva que facilitan la relación del coachee con sus fortalezas y con su bienestar.

¿Qué ejemplo de una intervención poderosa de coaching podrían describir?

DC: Recuerdo a una coachee que postergaba permanentemente la finalización de su tesis. Mantenía frecuentes conversaciones con su tutor. Todo estaba bien, pero ella no terminaba la tesis. Apliqué un trabajo ontocorporal. Siempre aparecía en la conversación su padre, a quien le costaba mucho tomar decisiones sobre sí mismo y sobre su familia. Ella lo había vivido como una persona muy buena, próxima, pero sin iniciativa. Estaba muy apegada a ese padre, al que su madre asistía. Las distinciones, desde lo intelectual, estaban ya vistas y aceptadas por esta coachee, y sin embargo, se encontraba acorralada en ese estado de ánimo donde prevalecía la falta de confianza para salir a buscar lo que quería. Representé la escena de la resistencia que ella mostraba y que no veía. Se me ocurrió poner una valla frente a sus ojos, como la que ella tenía interiormente. La armé con troncos. La hice primero chiquita, y después cada vez más grande, y ahí estaba ella con su meta a cuestas, luchando con la resistencia a trascenderla. Durante el trabajo, ella venía embalada por la sala y cuando decidía saltar, se frenaba. Le propuse descubrir juntas lo que la frenaba. "Tengo miedo", fueron sus palabras. Hablamos de los miedos, los blanqueamos e hicimos una meditación para sanarlos. "¿Quién es la persona más relevante y más presente en estos miedos?", quise saber. "Mi papá", respondió. Le propuse entonces reordenar esa energía y lo hicimos, con la intención de sanar la energía de su papá dentro de ella, devolverla a su origen y declararle gratitud. Procedimos de igual modo con su madre. A continuación, la invité a hacer un trabajo de Eutonía, para que pudiera vivenciar el cuerpo que estaba necesitando para seguir adelante. Después de estos trabajos, hizo un nuevo intento por cruzar la valla, y esta vez lo hizo. Le pedí que la cruzara varias veces y declarara su triunfo con voz de trueno, y en la última declaración rompió en llanto desconsolado. La abracé y volvimos a empezar hasta que, finalmente, hizo una explosión espontánea de triunfo, que se notó en su cuerpo y en la voz de alegría. Dimos por concluido el proceso de ese día. Un mes después, había terminado su tesis.

¿Qué tipo de resultado obtiene alguien que realiza un proceso de Coaching Ontocorporal?

El Coaching Ontocorporal da lugar a resultados extraordinarios y sostenibles en el largo plazo. Cuando no cambiamos la modalidad del movimiento y de la postura, el riesgo es que se dé un tironeo entre el nuevo observador racional y la vieja huella corporal que lleva a la persona nuevamente a su historia en el corto plazo. El trabajo desde la ontocorporalidad lleva el tiempo que cada persona necesita para hacer su proceso en todos los dominios. No creemos en los cambios mágicos, pero sí vemos, en nuestra experiencia, que cuando el cambio se sella integralmente en el lenguaje y en el cuerpo, es indeleble.

¿Hay conversaciones de Coaching complementarias?

Como explicamos antes, el Coaching Ontológico aborda todos los dominios con el mismo peso. Hay conversaciones lingüísticas complementarias a las conversaciones corporales y también a las conversaciones emocionales.

¿De qué manera la formación en Ontología del Lenguaje les permite mejorar los resultados?

La Ontología del Lenguaje es una parte clave de nuestro trabajo. Somos seres lingüísticos por excelencia. Dependiendo del observador, el cambio puede comenzar por el lenguaje, por el cuerpo, o también puede ser necesario intervenir en diferentes dominios, para lograr finalmente la coherencia que la persona necesita para sostener en el tiempo lo que se propone.

¿Cuál es la diferencia entre otras técnicas que trabajan con el cuerpo desde el punto de vista terapéutico y la Ontocorporalidad?

Entendemos que la diferencia estará dada en el "para qué". Sin ser expertas en otras técnicas, podemos decir que las diferentes disciplinas que abarca el Coaching Ontocorporal están al servicio de lo que el coachee se propone lograr como resultados. Y es siempre este sentido el que orienta nuestras intervenciones. Facilitamos un proceso de aprendizaje y compartimos herramientas para que el coachee las incorpore por sí mismo hasta alcanzar sus metas, sus objetivos y sus sueños. Nos ocupamos de las personas que están buscando salir de determinados bretes emocionales o mentales en los que se encuentran ancladas. Les proponemos no quedar como rehenes de sus propios quiebres, que al no ser disueltos pueden operar o ser vividos como limitaciones espirituales o anímicas, o como anclajes corporales que acercan el riesgo de enfermarse. "Si te duele el cuerpo, te duele el alma", decimos habitualmente. Dolores y contracturas, pinzamientos que limitan movimientos, con o sin diagnóstico, no son solo limitaciones, sino también advertencias para que un observador inicie la búsqueda de sí mismo, se vuelva hacia su interioridad y comience o continúe con su camino de transformación. Si no hay diagnóstico de enfermedad, no hay terapia. Nosotras, como coaches ontocorporales, actuamos antes de la declaración de la enfermedad. Podríamos llamar a este momento la "etapa de prevención". Cuando una persona se ve y declara que se siente limitada en cualquier dominio de acción, para nosotras es una señal suficientemente clara que nos lleva a proponer el cuidado y también a abrir la escucha integral, antes de ponernos en movimiento. Actuamos desde la recolocación del cuerpo y el cambio de actitud, desde la manera de tratarse a sí mismo, de considerarse y de llevar el cuerpo en la vida cotidiana con menor desgaste y más conciencia. Nuestro propósito es ayudar a quienes nos consultan a saber cómo no ponerse palos en la rueda, a no perder la salud y aprovechar al máximo el tiempo de vida como persona, a relacionarse con sí mismos y con el vivir de una manera dichosa, entusiasta y plena.

¿En qué autores o escuelas se basaron para crear esta disciplina?

Entre muchos otros, son autores o escuelas significativas para nosotras Rafael Echeverría, Humberto Maturana, Fredy Kofman, Barbara Brennan, Gerda Alexander, Mychio Kuchi, George Oshawa, Tomio Kikushi, el Taoísmo, la Medicina china, Lao Tse, el Budismo, los Yoga Sutra, Wilhem Reich, Ken Wilber, las Meditaciones Pleyadianas y Martín Seligman. No conocemos ningún material escrito sobre Ontocorporalidad. Escribirlo nosotras es un deseo que tenemos, y una asignatura pendiente que esperamos poder concretar a la brevedad.

Bibliografía recomendada

Alexander, G.: *La eutonía – Un camino hacia la experiencia total del cuerpo*, Paidós, 1983.

Brennan, B.: *Manos que curan*, Nueva Era, Ediciones Martínez Roca, 1987.

_____: *Hágase la Luz*, Nueva Era, Ediciones Martínez Roca, 1998.

Dahlke, R.: *El mensaje curativo del alma*, Robinbook, 1998.

Echeverría, R.: *Ontología del lenguaje*, Ediciones Granica, Buenos Aires, 2006.

Kantor, A.: *Cuadernos de Digitopuntura*, Kier, 2000.

Kofman, F.: *Metamanagement*, Ediciones Granica, Buenos Aires, 2003.

Lowen, A.: *Bioenergética: Terapia revolucionaria que utiliza el lenguaje del cuerpo para curar los problemas de la mente*, Diana, 1987.

Maturana Romesín, H.; Porksen, B.: *Del ser al hacer*, Ediciones Granica, Buenos Aires, 2008.

Quan Yin, A.: *Manual de ejercicios pleyadianos*, Ediciones Obelisco, 1998.

Reid, D.: *El tao de la salud, el sexo y la larga vida*, Urano, 1990.

Vishnibetz, B.: *Educación del cuerpo hacia el ser*, Paidós, 1994.

Wilber, K.: *La conciencia sin fronteras: aproximaciones de oriente y occidente al crecimiento personal*, Kairós, 1985.

COACHING DEPORTIVO

Entrevista a
CLAUDIO MARGULES

¿Cómo llegó al Coaching?

Como docente de Educación Física, trabajé mucho tiempo en el área de educación no formal. Después de ejercer mi profesión durante tres años, me incorporé al equipo de mandos medios de una organización, donde cumplí con varias tareas, entre ellas, gestionar personas, que fue algo que me gustó desde el comienzo. Me fui formando con varios maestros de distintas instituciones y finalmente, después de cuatro años de búsqueda, escuché acerca de la posibilidad de entrar al mundo del Coaching haciendo la formación en una escuela, aquí en la Argentina, donde obtuve mi certificación. Trabajo haciendo algo que me apasiona, combinando mi recorrido deportivo, el trabajo con personas en el ámbito corporativo y mi ser docente, todo esto guiado por las distinciones que me aporta el Coaching.

¿Qué distinciones comunes y diferentes encuentra entre ambas disciplinas?

El Coaching Ontológico, que es el que practico, fue fundamental para comprender esto de que está en el otro la capacidad y el poder de desarrollarse. Encuentro una gran diferencia entre este concepto y lo que se enseñaba cuando me formé como educador. En aquel momento se imponía lo que llamo la "vieja escuela", que tenía entre sus postulados "el niño es un tabla rasa" o "en la clase, el saber lo tiene el docente", y repetía un modelo estricto donde el alumno casi no era escuchado. El Coaching postula todo lo contrario. El coach cree en el coachee, en su saber, en su potencial y en la posibilidad permanente de cambio, de crecimiento; y no solo de él mismo, sino de algún modo del ser humano, que espera que sea cada día mejor.

¿Qué le aportó el Coaching a su práctica profesional?

Hoy, mi profesión es ser coach. Por lo tanto, el Coaching me aportó, tanto en teoría como en la práctica, mi forma de estar siendo hoy en el mundo. Hay algo que ocurre en la relación que construyo con los deportistas: se da un nivel muy alto de confianza y reconocen que están siendo escuchados. Algunos hasta me han dicho: "Te veo entrar y me llega la paz al cuerpo". Durante mi trabajo, noto que el deportista de elite deja de sentirse tan solo para comprender que alguien lo acompaña en su carrera, sin juzgarlo y confiando en todas sus posibilidades. Recordemos que muchos deportistas, justamente por su profesión, están alejados temporalmente de sus familias y sumémosle que, por lo general, tienen la característica de ser muy "familieros", y esto nos ayudará a comprender que el hecho de que muchas veces estén a gran distancia los afecta.

¿Para qué le sirve al deportista tener a su disposición un coach ontológico especializado en deporte?

Sencillamente, para alcanzar su máximo rendimiento. Se espera que el deportista logre su más alta performance, y para llegar a esto, su accionar debe ser interferido lo menos posible. Podemos distinguir las interferencias que encontramos en el deporte en dos grupos. Por un lado están las *interferen-*

cias internas, conocidas como "in-in", que son todas aquellas que tienen que ver con la conversación de la persona consigo misma, con los pensamientos que tiene el deportista en los que se dice a sí mismo cosas que no colaboran en su accionar, en su estar presente. Tim Gallaway, en su libro *El juego interior del tenis,* incluye este concepto ya en los años setenta, cuando se refiere a "Mi yo 1" y "Mi yo 2". Gallaway se encarga en su estudio de las críticas atemporales. Allí dice algo que comparto, y es que las críticas sirven cuando aportan correcciones; por ejemplo, mientras uno entrena. Pero también dice que en el momento de la competencia no es recomendable autocriticarse. Desde luego que lo que digo depende de la disciplina a la que nos estemos refiriendo y del nivel de autocrítica; pero siempre conviene, en competición, controlar pensamientos como "hoy no es mi día", "¿cómo puedo hacer esto tan mal?" o "debería haber golpeado de esta otra forma". El otro gran grupo está dado por las *interferencias externas,* las llamadas "in-ex", que como indica el nombre, son los estímulos externos que capta el deportista, desde el grito que baja de la tribuna hasta alguna situación familiar, como por ejemplo una pelea con su pareja, o que el técnico no lo tenga en cuenta para ser parte del equipo que competirá el fin de semana.

Otros ejemplos de interferencias internas son:
- La voluntad.
- La autovaloración.
- La actitud a adoptar ante los resultados adversos.
- La capacidad para concentrarse y estar "presente", en el partido.
- Las emociones (ansiedad, miedo), su toma de conciencia y las respuestas que se dan.
- La gestión de los propios pensamientos de no posibilidad.
- La conciencia de la importancia del cuerpo, la prevención de futuras lesiones.

- El momento de las autocríticas, la desaprobación y el juicio que se hace de uno mismo.
- El desvío de los objetivos.
- El estrés propio de la competencia.

Otros ejemplos de interferencias externas:

- La aceptación de terceros (compañeros, familiares, dirigentes, autoridades, espectadores).
- La dinámica grupal, su sinergia.
- El nivel del equipo respecto del tamaño del compromiso.
- El nivel de contribución y responsabilidad del equipo.
- La capacidad de comunicación efectiva entre los integrantes del equipo.
- El manejo de los intereses personales y de equipo.

La buena noticia es que estas interferencias se pueden gestionar, y el coach colabora para que esta gestión sea eficaz y eficiente.

¿De qué manera?

En el caso de las *interferencias internas* se impone la práctica del Coaching individual, ese mismo que nos lleva a bucear en la profundidad del alma cuyas puertas abre el coachee para que pueda entrar su coach, y para entrar él mismo. Este proceso es el que va a permitir desafiar las creencias. Me refiero a que mediante un proceso de Coaching individual se puede trabajar sobre las interferencias internas. Para esto hay que generar el contexto adecuado, focalizarse en el estado deseado, explorar, descubrir y generar acciones. Esto lleva nada más y nada menos que a tener un "nuevo" deportista, que idealmente concluirá la sesión con un cambio de observador y con acciones posibles autopropuestas. En el caso de las *interferencias externas* también es aplicable el Coaching individual, pero hay más posibilidades de compartir con el equipo. Para que esto suceda, lo que se hace es generar dinámicas que permitan consensuar, si detectamos que la interferencia se da en el equipo e influye en sus integrantes. Doy un ejemplo concreto. En un equipo ocurría que cada vez que alguien resolvía mal una jugada errando un pase o con un tiro desviado, inmediatamente aparecían expresiones verbales y gestuales de desaprobación. Esto, que sucedía en el campo de juego y en el nivel de la alta competencia, apareció de igual manera durante un juego planteado en el espacio de Coaching en el que el equipo debía cumplir una consigna en tiempo y forma, y apenas surgían estos gestos, lo que se hacía era intervenir pausando el juego y generando preguntas que llevaran a la toma de conciencia. Todas las respuestas se anotaban, y a continuación, terminado el ejercicio, se reflexionó de manera conjunta acerca de lo que generaban estas actitudes, que son claramente negativas para acompañar la más alta performance, y se pensaba en nuevas respuestas posibles y aplicables en la competencia. Otros factores externos, como por ejemplo una discusión con la pareja o la preocupación por un familiar enfermo, son tratables de manera individual. En algunos casos como los de los tenistas, los nadadores, los golfistas o los artistas marciales, resulta valioso el contacto con el equipo de apoyo del deportista, ya que conocen bien la situación por la que el competidor está transitando.

¿Cuál es la diferencia entre un entrenador (coach) y un coach ontológico deportivo?

Comparto ejemplos. En el golf, me fue muy útil aportar a lo que el jugador explica como "soledad del juego", para transformar el "sos uno" y que pase a ser "somos uno", cuando se logra establecer un anclaje de acompañamiento. En estos deportes aplico el Coaching en el mismísimo campo de juego. No en competencia, claro está, pero sí en jornadas de entrenamiento. Un basquetbolista me decía que cuando tenía el balón y podía definir prefería pasárselo a otro compañero y no sabía bien cuál era el motivo. Decía querer definir atacando el aro, pero finalmente elegía la otra opción. En el campo de juego pudimos determinar el momento exacto en el cual prefería pasar el balón a un compañero en vez de recibir de espaldas, girar y lanzar al aro. Durante el ejercicio se dio cuenta de que su conversación privada decía: "Antes que tirar y errar, prefiero sacarme la pelota de encima". Así fue como tuvimos que recurrir a "la cabeza" y comenzar el proceso de indagación. Hasta que encontró esta creencia: "Yo, cada vez que hago este gesto, yerro". Desafiamos ese juicio y encontramos que era infundado. En un segundo momento de nuestro trabajo, revisamos todas las posibilidades que tenía ante esta situación y lo que podía implicar para él desterrar esta creencia. Además, este competidor hizo ajustes deportivos con especialistas en técnica y estrategia de juego, y todo ese trabajo lo condujo a mejorar notablemente su rendimiento.

El coach ontológico lleva la ventaja en todo lo que al lenguaje se refiere. Y cuando digo "lenguaje" me refiero a la palabra, al cuerpo y a las emociones expresadas. De todo esto se vale él para llevar adelante intervenciones que despierten la mirada del coachee. Lo que quiero significar es que el deportista reacciona ante las preguntas poderosas del coach. Las intervenciones que tienen la finalidad de incomodar son, por lo general, las más agradecidas. Muchas veces los deportistas dicen que son las que les sirven para crecer. Según mi interpretación, sabemos que hicimos una pregunta poderosa cuando vemos cómo impacta en el coachee. Su silencio, su mirada en búsqueda de una respuesta, algún suspiro, el color de su piel o los ojos entumecidos pueden ser signos de que una pregunta fue poderosa, de que sacó al coachee de su zona de confort. El coach con formación ontológica ayuda a crear un espacio de coherencia entre lo que se piensa, se dice y se hace. A enfocar, a generar hábitos, a desarrollar la disciplina a nivel físico, técnico y estratégico, si es que hasta el momento del encuentro con el coach ontológico aún no se logró incorporar ese desarrollo como entrenamiento mental.

¿Cuáles son las diferencias sustanciales entre una conversación de Coaching con un ejecutivo, por ejemplo, y la que se da con un deportista?

Tengo experiencia en los dos ámbitos y puedo decir que con el ejecutivo el contexto del Coaching es más formal. El lugar, la vestimenta, cierto protocolo de la empresa… Esto se da más que nada al inicio del proceso, porque con el correr de las sesiones la formalidad tiende a relajarse. No ocurre lo mismo con el deportista, que necesita sentirse "como en su casa". El encuadre, en ambos casos, requiere la habilidad del coach para comprender los diferentes contextos y las distintas finalidades del trabajo de Coaching.

El ejecutivo:
- Recibe en su oficina o en una sala destinada especialmente.
- Está vestido de acuerdo con su rol de ejecutivo.
- Sus demandas tienen que ver con resolver algo relacionado con pensar estrategias, generar mejores vínculos, alcanzar resultados, mejorar su liderazgo…
- Utiliza un lenguaje más formal.
- Mantiene una sesión que, casi siempre, dura lo pautado.

El deportista:
- Se acerca a la oficina del coach o los recibe en su casa.
- Tiene mayor intimidad, ya que nadie se entera de cuándo comienza o termina su sesión, y en algunos

casos ninguno de sus compañeros sabe que él está llevando adelante un proceso de Coaching.
- Viste de modo informal, y rara vez usa su ropa deportiva.
- Su emocionalidad inicial no necesariamente tiene que ver con el resultado de una competencia.
- Su demanda es expresada con frases como "es un tema mental" o "necesito enfocarme". Claramente, no busca con el trabajo de Coaching mejorar su técnica, sino que quiere fortalecer sus pensamientos, trabajar en la gestión de sus emociones o comprender algo del pasado para que le sirva de aprendizaje para el futuro.
- Utiliza lenguaje coloquial o familiar.
- Su sesión puede durar más que lo establecido previamente.

¿En qué lugar se coloca a la mejora de la performance cuando un deportista acude a un coach ontológico deportivo?

El lugar de importancia de la performance es el número uno. Para esto nos llaman. Como coach, sé que lograr los mejores resultados será la consecuencia de resolver creencias que el deportista tiene a nivel personal y que esto se dará si están aseguradas las condiciones en las otras tres áreas: técnica, física y estratégica. Esto implica que en mi trabajo aborde junto al deportista creencias limitantes. Al mismo tiempo, él se compromete a alimentarse bien, a entrenar y a planificar de la manera adecuada. Es este el camino para que se den los resultados. Los deportistas llegan a mi consulta trayendo situaciones personales, vinculares y emocionales. "Como si fueran seres humanos", digo siempre a manera de broma, porque mi experiencia me indica que hay una tendencia generalizada a considerar a los deportistas como si fueran diferentes del resto de las personas, y seguramente esto tiene que ver con eso de verlos como ídolos, mientras que todos los que los tratamos fuera de su rol competitivo sabemos que necesitan, como cualquier persona, sentirse seguros, y de esta manera, avanzar. Es muy valioso para mí ver cómo los deportistas, cuando se entregan al proceso de Coaching, alivianan el peso de sus juicios, resignifican sus creencias, se convierten en mejores personas y, consecuentemente, en mejores deportistas. En el caso de los deportes de equipo, ayudan a crecer a todo el conjunto, modifican mundo.

¿Solamente lo contratan deportistas?

No. Fui contratado también por entrenadores y personas de comisiones directivas de clubes, y, aunque en menos ocasiones, hasta por representantes de deportistas.

¿Qué parte de la vida del deportista se trabaja en la conversación de Coaching?

Un noventa por ciento tiene que ver con su vida personal. Hay una frase que no recuerdo quién dijo, pero me parece importante: "El técnico que no contempla las emociones de sus jugadores, se está perdiendo el noventa por ciento de su potencial". Hoy, ya casi todos conocemos la importancia de desarrollar nuestro aspecto emocional, de gestionar nuestras emociones como una herramienta fundamental para alcanzar lo que nos proponemos. En mi trabajo es común ver cómo hasta los deportistas más rudos se emocionan.

¿Cómo se describiría como coach?

Soy comprometido, coherente, simple, respetuoso y divertido.

¿Cuál es la importancia del Coaching Deportivo grupal?

Es clave en la conformación e identificación de los equipos. Contribuye a fijar los objetivos y a trabajar con ese foco. Se aplica a través de dinámicas de diversos tipos, y puede incluir tanto actividades en el campo de juego como en las concentraciones previas a los partidos o en contextos externos; por ejemplo, cuando se generan acciones de responsabilidad social. Llevo ofrecidas muchas dinámicas en mi trabajo como coach deportivo ontológico; por ejemplo, la que compartí con un equipo en el que se hacían reclamos verbales o gestuales ante cualquier error. Con otro equipo, que estaba cerca de conseguir un campeonato pero había decaído seriamente en su rendimiento, trabajé en la redefinición de sus objetivos. Lo que hicimos fue no trabajar tanto en "ser campeones" como en "para qué ser campeones". En esa ocasión, las respuestas expresadas por los integrantes fueron tan fuertes que generaron un cambio de visión muy importante en el grupo. De esta manera, la perspectiva de ganar el torneo cobró un sentido ligado a valores profundos que guiaron el espíritu durante el juego. Un mes después, el equipo logró su objetivo.

¿Cómo encara el trabajo grupal?

Después de presentarme, les explico a los integrantes de los equipos de dónde viene el Coaching, para qué estoy frente a ellos, cuáles son los alcances posibles de nuestros encuentros, y encaro conjuntamente con los deportistas la elaboración del acuerdo. En algunos casos, el proceso de Coaching no incluye a todos los integrantes, y en otros, es cada deportista el que opta por tomarlo. A veces, las dinámicas se centran en lo corporal. Para esto genero ejercicios en los que se trabaja por parejas o en pequeños grupos, y otros donde todo el equipo tiene que ir respondiendo a las consignas dadas. Con esto se ayuda al deportista a tomar conciencia del nivel de involucramiento del cuerpo en la actividad. Considero importantísimo proponer dinámicas lúdicas, escritas, de resolución de conflictos; por supuesto, vinculadas con lo que el equipo necesita.

Los resultados que se buscan en un proceso de Coaching Ontológico Deportivo para equipos son:

- Acrecentar la capacidad para coordinar acciones.
- Afianzar los vínculos.
- Alcanzar un alto grado de sinergia ("Soy para el otro como el otro es para mí").
- Obtener más herramientas para la resolución de desafíos.
- Incrementar el compromiso con el equipo y con sus objetivos.

Bibliografía recomendada

Frankl, V.: *El hombre en búsqueda de sentido*, Herder, Barcelona, 1979.
Goleman, D.: *La inteligencia emocional*, Vergara, Buenos Aires, 2003.
Kerr, J.: *Legado. 15 lecciones de liderazgo*, Deldragón, Buenos Aires, 2013.
Kofman, F.: *Metamanagement*, Ediciones Granica, Buenos Aires, 2001.

AUTORES

Norma Perel

Master coach certificada (MCC) por la Federación Internacional de Coaching (ICF). Licenciada en Psicología por la Universidad de Buenos Aires. Certificada como coach en la Escuela Argentina de PNL&Coaching, donde se desempeñó como supervisora, evaluadora y mentor coach. Mentor coach y supervisora certificada. Practitioner en PNL. Miembro fundador y ex miembro de la Comisión Directiva del Capítulo Argentino de la ICF, en el que además fue directora de Educación Continua y embajadora de Educación Continua para América Latina. Es miembro del *staff* del Goldvarg Consulting Group. Como formadora de formadores, co-coordina, junto a Damián Goldvarg, grupos virtuales de certificación en mentor coaching para Latinoamérica y España.

Claudia Kleidermacher

Coach profesional certificada (PCC), por la Federación Internacional de Coaching (ICF). Licenciada en Psicología por la Universidad de Buenos Aires. Tiene posgrados en Psicoanálisis y Salud Mental del Centro Médico Psicológico Buenos Aires; y en Antropología Empresarial y Estrategias Organizacionales de la Universidad de Belgrano. Mentor coach certificada por el Goldvarg Consulting Group. Certificada como coach en la Escuela de PNL&Coaching, donde se desempeña como mentor coach y supervisora de grupos de estudiantes de Coaching. Directora de Educación Continua e integrante del Comité Ejecutivo del Capítulo Argentino de la ICF. Directora de la consultora CK Recursos Humanos, especializada en intervenciones organizacionales, desarrollo, capacitación, *head hunting*, equipos de alto rendimiento y Coaching ejecutivo individual y grupal.

Nora Biderman

Coach Profesional Certificada (PCC), counselor, asesora comunicacional y mentor motivacional. Formada como counselor en HOLOS, la primera escuela de Counseling de la Argentina, y como coach en la Escuela de PNL&Coaching, donde cursó además el programa de Maestría en Coaching. Tiene estudios en Derecho, formación en Mediación en la ONG Fundación Libra, y capacitaciones en las áreas de Comunicación Efectiva, Psiconeuroinmunología y Mindfullnes. Se desempeñó como docente en instituciones terciarias y universitarias, y dictó charlas y conferencias en ámbitos sociales, educativos y empresariales. Focaliza sus estudios e investigaciones en Inteligencia Comunicacional. Ejerce la Consultoría Psicológica especializada en Desarrollo Personal y Laboral y el Coaching integrando recursos de ambas disciplinas, y a la capacitación en Comunicación, Crecimiento, Cambio y Calidad de vida.

Esteban Negroni

Coach profesional certificado (PCC) por la Federación Internacional de Coaching (ICF). Médico y profesor en Medicina por la Universidad del Salvador y especialista en Psiquiatría por el Instituto Universitario del Hospital Italiano de Buenos Aires. Consultor en desarrollo de liderazgo. Certificado internacionalmente en diferentes test de preferencias personales. Trabajó durante casi diez años en la industria farmacéutica, donde ocupó posiciones locales y regionales. Actualmente, se desempeña como consultor asociado a diferentes firmas nacionales e internacionales entre las que se destacan Center For Creative Leadership, Korn Ferry, IAE Business School, Talentum, Impact International y Mannaz A/S. Además, diseña y conduce capacitaciones para empresas, actividades de aprendizaje vivencial *outdoor* e *indoor*, y brinda sesiones de Coaching Ejecutivo individuales o para equipos.

COLABORADORES

Damián Goldvarg

Licenciado en Psicología de la Universidad de Buenos Aires. Tiene una maestría en Counseling y una maestría y un doctorado en Psicología Organizacional, ambas de la Universidad de California. Es Master Coach Certificado (MCC) por la Federación Internacional de Coaching (ICF), de la que fue Presidente Global en 2013 y 2014. Consultor, facilitador y coach ejecutivo con actuación en más de cuarenta países, se especializa en el desarrollo de líderes y en la formación de coaches, mentor coaches y coaches ejecutivos. Creador de la primera Certificación en Mentor Coaching virtual en habla hispana y la primera Certificación en Supervisión de Coaching para Latinoamérica. Actualmente, preside la Asociación de Conferencistas de Latinoamérica (ACLAT).

Ariel Goldvarg

Coach profesional certificado (PCC) por la Federación Internacional de Coaching (ICF). Coach ontológico (ICP) con más de quince años trabajando en el desarrollo de líderes y equipos en organizaciones de la Argentina y más de quince países de Latinoamérica. Miembro del comité directivo de ACLAT (Asociación Argentina de Conferencistas de Latinoamérica). Mentor coach (ICF). Entrenó a coaches en prestigiosas escuelas de formación. Docente universitario de posgrado en Coaching Ejecutivo y habilidades directivas. Conferencista y Entrenador de *speakers* para TEDx y presentaciones orales de alto impacto. Tiene un Master of Science in HR (Swiss Business School) y una Specialization in Strategic Human Resources Management (California University, Irvine). Locutor Nacional (COSAL), Neurosicoeducador (AE). Estudió Dirección de Arte (ESCP) y es además músico y meditador

María Eugenia Ángel Torres

Licenciada en Nutrición y coach ontológica egresada de la Escuela de PNL&Coaching. Especialista en Coaching Nutricional, obesidad y desórdenes alimentarios, trabaja en tratamientos individuales y grupales. Coordinadora de grupos para bajar de peso. Docente en los cursos de posgrado de obesidad y desórdenes alimentarios en La Escuela Sistémica argentina. coordinadora de los grupos CITOS del sanatorio la trinidad, de la Ciudad de Buenos Aires.

Claudia Castellanos

Licenciada en Psicopedagogía con un MBA en Recursos Humanos. Directora General de Latincoaching S.A., consultora de recursos humanos. Coach y trainer profesional, especializada en procesos de aprendizaje, capacitación ejecutiva y desarrollo. Formadora y mentora de coaches. Tiene estudios en Neurociencias Aplicadas, Psicología Positiva y numerosas áreas vinculadas al desempeño. Pionera del Coaching de Salud y Bienestar en Latinoamérica, dirige en la Argentina la única formación de la especialidad desde hace siete años.

Sandra Gutterman

Licenciada en Ciencias de la Educación, Coach organizacional certificada, PCC (USA), mentor coach, neuropsicoeducadora y mediadora educativa. Incursionó en Biología Cultural (Chile) y en la metodología del Equipo Interno (México). Miembro fundador de la Federación Internacional de Coaching (ICF), Capítulo Argentina. Directora de la Comisión de Investigaciones (ICF) y coordinadora de Proyectos Sociales (Latam). Formadora de coaches y consultora de empresas en República Dominicana, México y Argentina.

Teresa Sacco

Contadora pública. Coach certificada, PCC (USA). Mentor coach. Master trainer en PNL (USA). Postgraduada como Coach Organizacional y Política. Certificada como coach médica profesional (MCI) y Neuropsicoaprendizaje. Disertante en Argentina, Uruguay y Ecuador sobre Liderazgo y Coaching Inmobiliario. Miembro fundador de la Federación Internacional de Coaching (ICF), Capítulo Argentina. Vicedirectora de la Comisión de Investigaciones (ICF) y Coordinadora de Proyectos Sociales (Latam).

Inés Ukasky

Coach certificada, PCC. Abogada. Mediadora. Docente. Facilitadora en resolución de conflictos. Directora Ethics ICF, Capítulo Argentina.

Mariano Lescano

Doctor en Psicología con orientación en Neurociencia Cognitiva. Licenciado en Administración. Docente universitario de grado y de posgrado. Consultor, capacitador y conferencista en temas vinculados al desarrollo personal y empresarial.

Delia Chudnovsky

Fundadora y Directora de Espheras Coaching Corporal. Eutonista graduada en la Primera Escuela Latinoamericana de Eutonía. Coach ontológica por el Newfield Group (USA). Graduada en Sanación Energética, en la Escuela de Harold Moskovitz y Jaime Delgado. Sanadora y formadora en el método de Magnified Healing. Tiene estudios sobre Decodificación Biológica, con Mónica Francese, y en Macrobiótica, en la Escola Mussa de San Pablo. Completó un expertura en áreas de India, Lejano Oriente, Sumeria y Semítica, en la Universidad del Salvador. Estudió además Bioenergética e Inconsciente Corporal con Josette Almirault, en España.

Marisa Krawiecki

Docente en Espheras Coaching Corporal. Socia de la consultora Energeia, orientada al desarrollo de personas, equipos y organizaciones. Actuaria egresada de la Universidad de Buenos Aires. Certificada en la Escuela Argentina de PNL y Coaching como practitioner en PNL y como coach ontológica, y en Espheras Coaching como coach ontocorporal.

Tiene estudios de posgrado en Dinámica y Cambio Organizacional, en Coaching Sistémico Organizacional, y sobre Gestalt en el Centro Gestáltico de San Isidro.

Claudio Margules

Coach certificado y profesor de Educación Física. Experiencia en gestión y dirección de clubes sociodeportivos. Coach para equipos de alto rendimiento de fútbol, hockey y básquet. Consultor para diferentes empresas y pymes de la Argentina. Docente en la escuela de técnicos de fútbol "Nicolás Avellaneda".